Janine Linßer

Bildung in der Praxis Offener Kinder- und Jugendarbeit

VS COLLEGE

Reviewed Research. Auf den Punkt gebracht.

VS College richtet sich an hervorragende NachwuchswissenschaftlerInnen. Referierte Ergebnisse aus Forschungsprojekten oder Abschlussarbeiten werden in konzentrierter Form der Fachwelt präsentiert. Zur Qualitätssicherung werden externe Begutachtungsverfahren eingesetzt. Eine kompakte Darstellung auf 60 bis maximal 120 Seiten ist dabei das Hauptkennzeichen der neuen Reihe.

Janine Linßer

Bildung in der Praxis Offener Kinder- und Jugendarbeit

Qualitative Interviews mit Leitungskräften

VS COLLEGE

Bibliografische Information der Deutschen Nationalbibliothek
Die Deutsche Nationalbibliothek verzeichnet diese Publikation in der
Deutschen Nationalbibliografie; detaillierte bibliografische Daten sind im Internet über
<http://dnb.d-nb.de> abrufbar.

1. Auflage 2011

Lektorat: Dorothee Koch | Monika Mülhausen

VS Verlag für Sozialwissenschaften ist eine Marke von Springer Fachmedien.
Springer Fachmedien ist Teil der Fachverlagsgruppe Springer Science+Business Media.
www.vs-verlag.de

Umschlaggestaltung: KünkelLopka Medienentwicklung, Heidelberg
Gedruckt auf säurefreiem und chlorfrei gebleichtem Papier
Printed in Germany

ISBN 978-3-531-18284-1

„Der Mensch ist, was er als Mensch sein soll, erst durch Bildung."
(*G.W.F. Hegel*, 1770-1831)

Inhalt

Abbildungsverzeichnis

1 Einleitung

In Deutschland ist mit Bekanntgabe der Ergebnisse der ersten PISA-Studie, die dem deutschen Bildungssystem eklatante Mängel bescheinigte, eine Bildungsdebatte entbrannt, die landesweit die Gemüter erregte und hitzige Diskussionen über die Neugestaltung des gesamten Bildungswesens entfachte. In ihrem weiteren Verlauf erstreckte diese sich über Kleinkindbetreuung, Schule und Hochschule hinaus, auch auf die Jugendhilfe mit der ihr zugehörigen Jugendarbeit. Diese ist ein sehr heterogenes Praxisfeld und beinhaltet unter anderem auch die Offene Kinder- und Jugendarbeit, welche Hauptgegenstand dieser Untersuchung ist.

Per Gesetz obliegt der Offenen Kinder- und Jugendarbeit ein Bildungsauftrag. Maßgeblich hierfür ist §11 SGB VIII, welcher ausdrücklich „außerschulische Jugendbildung“ als einen Schwerpunkt der Jugendarbeit, und somit auch der Offenen Kinder- und Jugendarbeit, benennt. Auch wird von theoretischer Seite her Offene Kinder- und Jugendarbeit ganz klar als Bildungseinrichtung fundiert und beschrieben. Es lässt sich diesbezüglich eine Vielzahl an Theorien und Konzepten finden, die aufzeigen wollen, was Bildung in der Offenen Kinder- und Jugendarbeit letztendlich bedeutet. Jedoch ist umstritten und nicht gänzlich geklärt, ob die Praxis der Offenen Kinder- und Jugendarbeit diesem gesetzlichen Bildungsauftrag und der theoretischen Fundierung Offener Kinder- und Jugendarbeit als Bildungsinstitution, zur Genüge nachkommt. Benedikt Sturzenhecker, einer der maßgeblichen Theoretiker Offener Kinder- und Jugendarbeit, schreibt in einem Beitrag:

> „Der theoretischen Konzipierung von Jugendarbeit als Bildung steht eine Praxis von Jugendarbeit entgegen, die bis auf Ausnahmen von der Realisierung solcher Ansprüche weit entfernt ist.“ (*Sturzenhecker* 2004b, S. 147)

Im Zuge der benannten Bildungsdebatte wurde die Praxis Offener Kinder- und Jugendarbeit durch Publikationen des Bundesjugendkuratoriums, durch Stellungnahmen von Dachverbänden und durch Veröffentlichungen von Theoretikerinnen und Theoretikern explizit dazu aufgefordert, den Bildungsauftrag und die Umsetzung von Bildung in diesem Arbeitsfeld zu reflektieren. Dies hatte unter anderem auch zur Folge, dass die Offene Kinder- und Jugendarbeit als Bildungsinstitution Eingang in die Bildungsdebatte fand.

Hauptanliegen dieser Arbeit ist es zu ermitteln, ob bei in der Praxis Tätigen in Münster ein gemeinsames Verständnis davon, was Bildung in der Offenen Kinder- und Jugendarbeit bedeutet, aufgefunden werden kann und inwiefern sich die Praxis zur stattfindenden Bildungsdebatte positioniert.

Zwischenzeitlich liegen auch empirische Studien vor, die den Bildungsaspekt in der Praxis Offener Kinder- und Jugendarbeit untersuchten. Zu berücksichtigen ist hier, dass aufgrund der Heterogenität des Feldes und unterschiedlicher landesgesetzlicher Grundlagen, die in einzelnen Bundesländern erhobenen Ergebnisse nicht ohne weiteres auf andere zu übertragen sind. Zum gegebenen Zeitpunkt sind mir keine in Nordrhein-Westfalen durchgeführten Untersuchungen bekannt. Dies führte mich zu dem Entschluss, eine eigene Untersuchung in Münster durchzuführen.

Über die Bearbeitung der folgenden Fragestellungen erfolgt die Auseinandersetzung mit dem Thema:

- Was ist Offene Kinder- und Jugendarbeit heute und wie kann dieser heterogene Bereich greifbar gemacht werden?
- Welches Bildungsverständnis herrscht in Deutschland momentan vor?
- Was bedeutet Bildung in der Offenen Kinder- und Jugendarbeit, wie leistet dieses besondere Arbeits- und Handlungsfeld einen Beitrag dazu?
- Warum werden seitens der Theorie und Wissenschaft Forderungen an die Praxis Offener Kinder- und Jugendarbeit gerichtet, den Bildungsauftrag und dessen Umsetzung zu reflektieren?
- Versteht sich die Praxis Offener Kinder- und Jugendarbeit in Münster selbst als Bildungsinstitution?

Genannte Fragestellungen werden anhand von sieben Kapiteln bearbeitet, die folgendermaßen gegliedert sind:

Kapitel 2 setzt sich zunächst mit der Offenen Kinder- und Jugendarbeit als vielschichtigem Praxisfeld auseinander. Es wird zunächst beschrieben, welche rechtlichen Bestimmungen Grundlage für die Offene Kinder- und Jugendarbeit sind, welche Strukturen dieses Feld prägen, welche Aufgaben damit verbunden sind und welchen neuen Herausforderungen sich die offene Arbeit gegenwärtig und zukünftig stellen muss.

Die Bestimmung des Bildungsbegriffes ist Thema in *Kapitel 3*. Zu Beginn wird der Bildungsbegriff von seinem historischen Ursprung her erläutert, darauf aufbauend erfolgt dann die Beschreibung des gegenwärtigen Verständnisses von Bildung. Vor allem werden diesbezüglich auch die Unterschiede im wissenschaftlichen und alltäglichen Verständnis von Bildung aufgezeigt.

Als ein Schwerpunkt der Arbeit ist *Kapitel 4* anzusehen, welches konkret den Bildungsaspekt in der Theoriediskussion Offener Kinder- und Jugendarbeit aufgreift. Zuvorderst wird hier der Ursprung des Bildungsgedankens in der Offenen Kinder- und Jugendarbeit erläutert. Daran anknüpfend werden dann aktuelle Ansätze zur Bestimmung von Bildung in der Offenen Kinder- und Jugendarbeit einzelner Theoretikerinnen und Theoretiker der Sozialpädagogik und des Dachverbandes für Offene Kinder- und Jugendarbeit in Nordrhein-Westfalen, angeführt. Fernerhin werden in der theoretischen Diskussion formulierte Themen und Ziele von Bildung in der Offenen Kinder- und Jugendarbeit genauer erläutert, bevor abschließend Voraussetzungen für gelingende Bildungsprozesse in der praktischen Arbeit besprochen werden.

Die Ergebnisse zweier empirischer Studien zum Bildungsaspekt in der Offenen Kinder- und Jugendarbeit werden in *Kapitel 5* vorgestellt. Da bis zum jetzigen Zeitpunkt keine Studie ausgemacht werden konnte, die in Nordrhein-Westfalen durchgeführt wurde, wird eine in Niedersachsen und eine in Baden-Württemberg durchgeführte Untersuchung vorgestellt. Diese untersuchten die Bildungswirkungen der Offenen Kinder- und Jugendarbeit und die Wahrnehmung von Bildungsgelegenheiten durch die Mitarbeitenden.

Ein weiterer Schwerpunkt dieser Arbeit liegt auf *Kapitel 6*, in welchem die zum Thema eigens durchgeführte Untersuchung vorgestellt wird. Zu Beginn werde ich das Forschungsdesign mit konkreter Zielbestimmung, Gegenstandsbeschreibung, Methodenauswahl, Stichprobenauswahl und das Auswertungsverfahren erläutern. Im Anschluss daran werden die einzelnen Ergebnisse vorgestellt.

Abschließend werden in *Kapitel 7* die Ergebnisse der zuvor vorgestellten Untersuchungen zueinander in Beziehung gesetzt, Handlungsempfehlungen an die Praxis Offener Kinder- und Jugendarbeit zur Diskussion gestellt und mögliche Ausblicke formuliert.

An dieser Stelle muss noch darauf hingewiesen werden, dass Offene Kinder- und Jugendarbeit kein standardisierter, allgemeingültiger Begriff für die offene Arbeit mit Kindern und Jugendlichen ist. Theoretikerinnen und Theoretiker sowie Praktikerinnen und Praktiker greifen auf unterschiedliche Formulierungen zurück, wenn sie explizit die offene Arbeit mit Kindern und Jugendlichen meinen. Sie sprechen entweder von Offener Kinder- und Jugendarbeit, Jugendarbeit, Offener Jugendarbeit, Kinder- und Jugendarbeit und Ähnlichem. Ich werde in der vorliegenden Arbeit möglichst konsequent den Sammelbegriff „Offene Kinder- und Jugendarbeit“ benutzen und teilweise auf die Formulierung „offene Arbeit“ zurückgreifen. Da aber – wie bereits angedeutet – in der Theorie und Praxis die Verwendung unterschiedlicher Begriffe Usus ist, werden in dieser Arbeit bei Bezugnahmen auf verschiedene Theoretikerinnen und Theoretiker auch deren Bezeichnungen verwendet.

2 Offene Kinder- und Jugendarbeit heute

Offene Kinder- und Jugendarbeit ist ein vielfältiges und sehr differenziertes Arbeits- und Handlungsfeld innerhalb des Gesamtspektrums der Sozialen Arbeit. Sie wird unter den Bereich der Jugendhilfe und hier wiederum unter den Bereich der Jugendarbeit subsumiert. Ein Einblick in die unterschiedliche Arbeitsweise, die Zielsetzung, die methodische Vielfalt und die Herausforderungen in der heutigen Zeit, wird durch die Heranziehung unterschiedlicher Positionen von Theoretikern der Sozialpädagogik und vom Dachverband für Offene Kinder- und Jugendarbeit in Nordrhein-Westfalen, gegeben werden. Zunächst werde ich allerdings mit einer Erläuterung der rechtlichen Grundlagen Offener Kinder- und Jugendarbeit beginnen. Diese sind grundlegend für die im Weiteren folgende Beschreibung der Aufgaben, Ziele und Strukturbedingungen. Abschließend werden die neuen Herausforderungen, denen sich die Offene Kinder- und Jugendarbeit durch den gesellschaftlichen Wandel, die Veränderungen in der Finanzierungsgrundlage und die durch PISA ausgelöste Bildungsdebatte stellen muss, erläutert.

2.1 Rechtliche Grundlagen

Wie bereits erwähnt, setzt ein Einblick in die Strukturen, Aufgaben, Zielsetzungen und die methodische Vielfalt der Offenen Kinder- und Jugendarbeit voraus, sich zunächst mit den gesetzlichen Grundlagen zu befassen. Im Folgenden möchte ich daher einen kurzen Überblick über die unterschiedlichen gesetzlichen Grundlagen dieses Arbeits- und Handlungsfeldes geben.

Die Systematik der Gesetzgebung ist wie folgt: Auf Bundesebene ist die Offene Kinder- und Jugendarbeit im Bereich der Kinder- und Jugendhilfe verortet, deren Leistungen im Sozialgesetzbuch VIII geregelt sind. Hier werden für die Jugendarbeit in §11 Abs.1 SGB VIII folgende allgemeine Grundprinzipien und Ziele angeführt: „Jungen Menschen sind die zur Förderung ihrer Entwicklung erforderlichen Angebote der Jugendarbeit zur Verfügung zu stellen". Diese werden absolut freiwillig wahrgenommen und sollen „an den Interessen junger Menschen anknüpfen" und diese aktiv in die Mitgestaltung einbeziehen. Ziel ist es, unter Berücksichtigung individueller Bedürfnisse, Kinder und Jugendliche zu selbstständigem und verantwortungsbewusstem Handeln und „zu gesellschaftlicher Mitverantwortung und zu sozialem Engagement" zu befähigen.

In §11 Abs. 2 Satz 2 SGB VIII wird Offene Kinder- und Jugendarbeit unter den Bereich Jugendarbeit subsumiert, der in „bestimmte Angebote, die offene Jugendarbeit und gemeinwesenorientierte Jugendarbeit“ gegliedert wird. Adressatinnen und Adressaten des Angebots sind „junge Menschen“ [1], die in §11 Abs. 1 Satz 1 SGB VIII benannt werden. §11 Abs. 4 SGB VIII bestimmt jedoch, dass auch Personen über 27 Jahre in „angemessenem Umfang“ noch in Angebote der Kinder- und Jugendarbeit mit einbezogen werden können. Auch wird mit diesem Paragraphen die Unterschiedlichkeit der Träger von Jugendarbeit aufgezeigt. §11 Abs. 2 SGB VIII benennt, dass sowohl „Verbände, Gruppen, Initiativen der Jugend“, „andere Träger der Jugendarbeit“ als auch „Träger der öffentlichen Jugendarbeit“, Jugendarbeit anbieten. Öffentliche Träger sind Städte oder Kommunen als Leistungserbringer, freie Träger sind zum Beispiel Vereine, Initiativen oder kirchliche Einrichtungen. Hier ist zu erwähnen, dass gemäß §§3 und 4 SGB VIII öffentliche und freie Träger der Jugendhilfe insgesamt zur Zusammenarbeit verpflichtet sind. Jedoch soll der öffentliche Träger bei der Aufgabenerfüllung den freien Trägern der Jugendhilfe Vorrang gewähren, sofern diese geeignete Angebote vorhalten können. Aufgrund der Planungsverantwortung des öffentlichen Trägers bezüglich der gesamten Jugendhilfemaßnahmen liegt es gemäß §§79 und 80 SGB VIII in dessen Zuständigkeitsbereich, den Bestand an Einrichtungen und den Bedarf der Adressatinnen und Adressaten festzustellen. Dieser ist verantwortlich dafür, notwendige Vorhaben dann rechtzeitig und ausreichend zu planen.

Auch ist §11 Jugendarbeit SGB VIII als Verpflichtung seitens des Gesetzgebers zu verstehen, Kinder- und Jugendarbeit anzubieten. Konkret bedeutet dies, dass finanzielle Mittel zur Leistungserbringung vom Träger der öffentlichen Jugendhilfe bereitgestellt werden müssen. Insofern freie Träger Aufgaben stellvertretend für den öffentlichen Träger erfüllen, fördert dieser die Aktivitäten des freien Trägers, da sich Leistungsverpflichtungen ausschließlich an den öffentlichen Träger richten (vgl. *Struck* 2006, S. 205ff).

Darüber hinaus werden in §11 Abs. 3 SGB VIII sechs inhaltliche Schwerpunktbereiche der Jugendarbeit definiert:

> „(3) Zu den Schwerpunktbereichen der Jugendarbeit gehören:
> 1. Außerschulische Jugendbildung mit allgemeiner, politischer, sozialer, gesundheitlicher, kultureller, naturkundlichen und technischer Bildung,
> 2. Jugendarbeit in Sport, Spiel und Geselligkeit,

1 In §7 Abs. 1 SGB VIII wird bestimmt, dass ein „4. junger Mensch, wer noch nicht 27 Jahre alt ist“, ist.

3. arbeitswelt-, schul-, und familienbezogene Jugendarbeit,
4. internationale Jugendarbeit,
5. Kinder- und Jugenderholung,
6. Jugendberatung."

Diese sind jedoch nicht als festgelegte Bereiche zu verstehen, sondern sollen als Orientierung dienen und können vom öffentlichen Träger beliebig mit Priorität besetzt werden (vgl. *Struck* 2006, S. 208ff).

Wie die im Bundesgesetz vorgegebenen Rahmenbedingungen ausgefüllt werden, das heißt wie die Leistungen konkret erbracht und ausgestaltet werden, hängt von dem eigentlichen Bedarf eines Landes und einer Kommune ab. Dementsprechend konkretisieren Landesgesetze, Landesförderpläne und kommunale Förderpläne die Ausgestaltung des Bundesgesetzes.

Auf föderaler Ebene haben die einzelnen Bundesländer eigene Ausführungsgesetze, die die Rahmengesetzgebung des Bundes konkretisieren und die Umsetzung regeln. Die Ländergesetze bauen auf den Bundesgesetzen auf und dürfen diesen nicht entgegenstehen. Hier in Nordrhein-Westfalen ist seit dem 1. Januar 2005 das dritte nordrhein westfälische Ausführungsgesetz zum Sozialgesetzbuch VIII in Kraft getreten (3. AG-KJHG – KJFöG).

Das Landesgesetz führt die Grundsätze des Bundesgesetzes genauer aus und benennt in §2 Abs.1 3. AG-KJHG – KJFöG beispielsweise, dass die „individuelle, soziale und kulturelle Entwicklung junger Menschen unter Berücksichtigung ihrer Interessen und Bedürfnisse" zu fördern ist. Kinder und Jugendliche sollen „zu solidarischem Miteinander, zu selbst bestimmter Lebensführung, zu ökologischem Bewusstsein und zu nachhaltigem umweltbewusstem Handeln … zu gesellschaftlicher Mitwirkung, zu demokratischer Teilhabe, zur Auseinandersetzung mit friedlichen Mitteln und zu Toleranz gegenüber verschiedenen Weltanschauungen, Kulturen und Lebensformen" befähigt werden. Mit dem §12 Offene Jugendarbeit 3. AG-KJHG – KJFöG wird Offene Kinder- und Jugendarbeit als ein Arbeitsfeld der Jugendarbeit hervorgehoben und nicht, wie in §11 SGB VIII, lediglich unter die Jugendarbeit subsumiert, ohne die vielfältigen Ausgestaltungsformen konkret zu benennen:

„§ 12 Offene Jugendarbeit
Offene Jugendarbeit findet insbesondere in Einrichtungen, Maßnahmen und Projekten, Initiativgruppen, als mobiles Angebot, als Abenteuer- und Spielplatzarbeit sowie in kooperativen und übergreifenden Formen und Ansätzen statt. Sie richtet sich an alle Kinder und Jugendlichen und hält für besondere Zielgruppen spezifische Angebote der Förderung und Prävention bereit."

Die Schwerpunkte der gesamten Kinder- und Jugendarbeit lehnen sich weitestgehend an die im Bundesgesetz genannten Schwerpunktbereiche an, ergänzen diese aber in §10 3. AG-KJHG – KJFöG um drei Weitere: „medienbezogene Jugendarbeit", „interkulturelle Kinder- und Jugendarbeit" und „geschlechterdifferenzierte Mädchen- und Jungenarbeit" werden hier hinzugefügt. Auch schreibt das Landesgesetz die Planung der Maßnahmen fest. In §§8 und 9 3. AG-KJHG – KJFöG ist geregelt, dass der Kinder- und Jugendförderplan des Landes Ziele und Aufgaben der Kinder- und Jugendförderung auf Landesebene für die Legislaturperiode festlegt und genannte Handlungsfelder konkreter bestimmt. Hierzu sollen öffentliche Träger die freien Träger sowie die Adressatinnen und Adressaten selbst in die Planung einbeziehen.

Dies gilt auch für die Jugendhilfeplanung auf örtlicher Ebene, zu welcher seit 2006 jeder örtliche Träger der öffentlichen Jugendhilfe verpflichtet ist. In Anlehnung an das Bundes- und Landesgesetz wird der Bestand und Bedarf an Einrichtungen und Diensten für eine Legislaturperiode ermittelt, und notwendige Maßnahmen werden festgelegt. (Vgl. *AGOT-NRW* 2006, S. 2)

Bezüglich des 3.AG-KJHG – KJFöG fasst die Arbeitsgemeinschaft „Haus der offenen Tür" Nordrhein-Westfalen [2] zusammen: „Mit dem KJFöG werden für die Kommunen konkrete fachliche Anforderungen rechtsverbindlich formuliert", die Beteiligungsrechte der Adressatinnen und Adressaten und anerkannter freier Träger werden gestärkt und der kommunale Kinder- und Jugendhilfeplan wird zum Instrument für die Entwicklung der Jugendarbeit (*AGOT-NRW* 2006, S. 3)

Nachdem nun die rechtlichen Grundlagen der Offenen Kinder- und Jugendarbeit genauer beleuchtet wurden, folgt darauf aufbauend jetzt die Beschreibung des Arbeitsfeldes mit dessen Strukturen, Aufgaben und Zielen.

2.2 Offene Kinder- und Jugendarbeit – ein sehr heterogenes Arbeits- und Handlungsfeld

> „Die Offene Kinder- und Jugendarbeit ist ein sehr komplexes pädagogisches Handlungsfeld. Es ist charakterisiert durch einen beständigen Veränderungsprozess, der auf die sich wandelnden Kinder und Jugendlichen und ihre Fragen und Probleme immer neu antwortet und antworten muss. So haben sich im Laufe der Entwicklung der Offenen Kinder- und Jugendarbeit vielfältigste Arbeitsweisen, institutionelle Formen, konzeptionelle Grundfragen und methodische Handlungsweisen ausgebildet." (*Deinet/ Sturzenhecker* 2005, S. 11)

2 Die Arbeitsgemeinschaft „Haus der offenen Tür" Nordrhein-Westfalen (AGOT-NRW) ist der Dachverband für Träger Offener Kinder- und Jugendarbeit in Nordrhein-Westfalen.

In §12 3. AG-KJHG – KJFöG kommt die Vielgestaltigkeit des Feldes Offener Kinder- und Jugendarbeit durch die Benennung der unterschiedlichen Ausgestaltungsmöglichkeiten zum Ausdruck. Das Zitat aus dem Vorwort des „Handbuch Offene Kinder- und Jugendarbeit“ von Ulrich Deinet und Benedikt Sturzenhecker veranschaulicht vor diesem Hintergrund sehr eindrücklich, warum Offene Kinder- und Jugendarbeit einem ständigen Veränderungsprozess unterliegt und sich im Laufe der Zeit so viele unterschiedliche Arbeitsweisen herausgebildet haben. Um auf die Bedürfnisse und Wünsche ihrer Adressatinnen und Adressaten adäquat reagieren zu können, muss die offene Arbeit sich auf wechselnde Bedingungen einstellen und mit immer neuen Gegebenheiten umgehen können.

Nachfolgend soll nun ein genereller Überblick über die Funktion, die Aufgaben, die Ziele, die Strukturen, die finanzielle Lage, die Zielgruppe und die Mitarbeitenden der Offenen Kinder- und Jugendarbeit gegeben werden, ohne auf die jeweiligen Spezifika der einzelnen Ausgestaltungsformen und Arbeitsweisen genauer einzugehen. Hierzu wird eine Vielzahl unterschiedlicher Positionen von Theoretikern der Sozialpädagogik und dem Dachverband der Offenen Kinder- und Jugendarbeit Nordrhein-Westfalen herangezogen.

2.2.1 Funktion, Aufgaben und Ziele

Wie bereits angedeutet, ist die Funktion Offener Kinder- und Jugendarbeit nicht klar zu bestimmen und wird seit Lothar Böhnisch´s und Richard Münchmeier´s „Wozu Jugendarbeit?“ aus dem Jahre 1989 als „Mischfunktion“ bezeichnet (vgl. *Sturzenhecker* 2005, S.339). Albert Scherr bezeichnet diese „Mischfunktion“ in Anlehnung an Hermann Giesecke (1971) als ein ständiges „Spannungsverhältnis“ und beschreibt die Funktion der Offenen Kinder- und Jugendarbeit wie folgt: Einerseits soll sie die von der Gesellschaft gestellte Aufgabe der Förderung von Gemeinschaftsfähigkeit erfüllen, andererseits liegt ihre Aufgabe in der Unterstützung und Begleitung von Kindern und Jugendlichen in ihrem Streben nach Abgrenzung und Autonomie. Diese Vermittlerrolle der Offenen Kinder- und Jugendarbeit erfordert es, zwischen der Vermittlung der Interessen und Bedürfnisse ihrer Adressatinnen und Adressaten gegenüber der Politik und der Gesellschaft und der Weitergabe der Anforderungen an die Kinder und Jugendlichen, welche die Gesellschaft an diese stellt, die Balance zu finden. (Vgl. *Scherr* 2003, S. 87) Bezüglich der Aufgabe der Förderung von Kindern und Jugendlichen in ihrem Autonomiebestreben, kennzeichnen Deinet und Sturzenhecker die Offene Kinder- und Jugendarbeit als ein „Lern- und Erfahrungsfeld“, welches Kindern und Jugendlichen ermöglicht, einen nicht fremdbestimmten Raum in größtmöglicher Eigenverantwortung zu gestalten und demokratische Mitbestimmung zu erfahren (vgl. *Deinet/ Sturzenhecker* 2005, S. 13).

Da sich – wie in Kapitel 2.1 bereits angedeutet – auch auf kommunaler Ebene Festschreibungen bezüglich der Aufgaben- und Zielsetzung der Offenen Kinder- und Jugendarbeit finden lassen, wird als Beispiel hier auf den Kinder- und Jugendförderplan der Stadt Münster[3] für die Legislaturperiode 2007-2009 eingegangen. Dieser schreibt unter Punkt 4.1.1 für die „Offene und mobile Kinder- und Jugendarbeit" die Erreichbarkeit von Einrichtungen der offenen und mobilen Kinder- und Jugendarbeit in Wohnortnähe, das heißt, die Bereitstellung von Angeboten in jedem Sozialraum und eine an den Bedürfnissen der Nutzerinnen und Nutzer ausgerichtete Öffnung als Ziel und Kern der Arbeit fest. Hauptaufgabe ist es, einen Kommunikations- und Begegnungsort anzubieten, der die Zugänglichkeit des Angebots für alle Kinder und Jugendlichen gewährleiste. Den Adressatinnen und Adressaten sollen im Rahmen des Arbeitsfeldes Kinder- und Jugendarbeit die Räumlichkeiten zur Verfügung gestellt werden, die für ihre Entwicklungs- und Bildungsprozesse grundlegend seien. Zusätzlich zu dieser Hauptaufgabe sollen Einrichtungen im Laufe des Jahres mindestens fünf der folgenden Bereiche abdecken:

> „Kulturelle Angebote, Angebote in den Schulferien/ in der Freizeit, Angebote in Sport und Spiel, kreative Angebote, medienpädagogische Angebote, Beratungsangebote, partizipative Angebote, Angebote der Kinder- und Jugendbildung, geschlechtsspezifische Angebote" (*KJFoePlan* 2007, S. 21).

Der KJFoePlan betont auch, dass unterschiedliche Zielgruppen unterschiedliche Angebote benötigen. Hierzu sollen neben der Erfüllung der Kernaufgaben sozialräumliche Schwerpunktsetzungen vorgenommen werden, wie „Interkulturelle Angebote, integrative Angebote für Kinder- und Jugendliche mit Behinderungen, arbeitsweltbezogene Angebote, schulbezogene Angebote, mobile Angebote" (*KJFoePlan* 2007, S. 21). Einzelne Einrichtungen werden dazu angehalten, ihre spezifischen Angebote aufeinander abzustimmen. (Vgl. *KJFoePlan* 2007, S. 19ff)

Nach Ansicht der Fachwelt hat sich in den letzten Jahren jedoch vielfach gezeigt, dass Jugendarbeit von Außen mit zusätzlichen Aufgaben betraut wurde, die nicht zu ihrem eigentlichen Kern gehören. Sturzenhecker benennt beispielsweise, dass Jugendarbeit zum „Erfüllungsgehilfen anderer erzieherischer/ausbildender Institutionen" (*Sturzenhecker* 2004b, S. 147) degradiert worden ist. Er beschreibt zum Beispiel Drogenprävention, Gewaltverhinderung und Rechts-

3 Für den Kinder- und Jugendförderplan der Stadt Münster für die Legislaturperiode 2007-2009, wird im weiteren Verlauf die Kurzform KJFoePlan verwendet.

extremismusbekämpfung als neue Aufgaben und erkennt „Praxisformen von Betreuung, anpasserischer Kooperation, Prävention und konsumeristischer Dienstleistungsorientierung" (*Sturzenhecker* 2004b, S. 153).

2.2.2 Strukturen

Die Differenziertheit des Feldes liegt darin begründet, dass nur wenige institutionelle Vorgaben wie Räumlichkeiten, Personal und übergeordnete Trägerziele Rahmenbedingungen in der Offenen Kinder- und Jugendarbeit festlegen. Im Gegensatz zur Schule erlangte diese auch nicht den Charakter einer „staatlich durchstrukturierten und funktionsbestimmten Erziehungsinstitution" (*Sturzenhecker* 2005, S. 339). Trotz aller unterschiedlicher Ausprägungen, Gestaltungen und Schwerpunktsetzungen im Bereich der Offenen Kinder- und Jugendarbeit lassen sich nach Sturzenhecker gemeinsame Strukturcharakteristika finden. Er beschreibt *„Offenheit, Marginalität und Diskursivität"* (*Sturzenhecker* 2005, S. 341) als die den Gesamtbereich grundsätzlich prägenden Strukturen.

Die *Offenheit* Offener Kinder- und Jugendarbeit würde sich in mehrfacher Hinsicht zeigen: Zum einen in Hinblick auf die Zielsetzung der jeweiligen Einrichtung, zum anderen bezüglich ihrer inhaltlichen Ausgestaltung und methodischen Vorgehensweise. Zusätzlich setze auch die Freiwilligkeit der Teilnahme der Adressatinnen und Adressaten eine gewisse Offenheit in der Arbeit voraus. Er benennt folgerichtig, dass Offene Kinder- und Jugendarbeit auch ein stark beziehungsabhängiges Geschehen ist, da Kinder und Jugendliche die Offene Kinder- und Jugendarbeit, wenn sie mit etwas nicht einverstanden sind, jederzeit verlassen können. Um Kinder und Jugendliche für die Offene Kinder- und Jugendarbeit zu gewinnen und sie angemessen in die Abläufe einzubeziehen, schreibt Sturzenhecker den Mitarbeiterinnen und Mitarbeitern die besondere Aufgabe zu, zusammen mit den Kindern und Jugendlichen eine gemeinsame Handlungsgrundlage zu schaffen. Einrichtungen sollten im Zusammenspiel mit den Kindern und Jugendlichen jeweils aushandeln, was getan und wie es getan wird, welche Zielsetzung zu verfolgen ist, welcher Inhalt zu transportieren ist und welche Methoden anzuwenden sind. Solche Aushandlungsprozesse, die *Diskursivität*, sind nach Sturzenhecker ein ständiges Moment der offenen Arbeit.

Das dritte Charakteristikum, die *Marginalität*, bezieht Sturzenhecker darauf, dass Offene Kinder- und Jugendarbeit neben Schule und Familie eine nachgeordnete Erziehungs- und Sozialisationsinstanz darstellt, die für die Erledigung von Übriggebliebenem zuständig ist. Dies ließe sich auch anhand der geringen Bezahlung der Mitarbeitenden, der schlechten finanziellen Ausstattung insgesamt und der geringen Achtung des Arbeitsfeldes in der Politik, belegen. (Vgl. *Sturzenhecker* 2005, S. 338ff)

2.2.3 Zur finanziellen Lage

Die Finanzierungsmodalitäten des Feldes sind von Bundesland zu Bundesland und von Kommune zu Kommune unterschiedlich und werden an dieser Stelle nicht in ihren Einzelheiten vorgestellt.

Ausgehend von Werner Tholes Beobachtung, dass heutzutage immer wieder die desolate Haushaltslage als Rechtfertigung für Kürzungen der finanziellen Mittel im Bereich der Kinder- und Jugendarbeit angeführt wird, soll hier ein genereller Trend in der Finanzierung der Jugendarbeit skizziert werden (vgl. *Thole* 2008, S. 323).

Werner Lindner beschreibt diesbezüglich in einem Vortrag zur Jugendförderung im September 2008 folgende Entwicklungen: Von der Kinder- und Jugendarbeit würde abverlangt werden, die Wirkungen ihrer Arbeit aufzuzeigen, ihre Legitimation vor Politik und Öffentlichkeit immer wieder neu unter Beweis zu stellen, während immer wieder Kürzungen der ihr zur Verfügung stehenden Mittel eine gute Praxis von Kinder- und Jugendarbeit erschwerten. In den Jahren von 1998-2006 sei das Stellenaufkommen in diesem Feld dramatisch reduziert worden. Die Reduktion der Vollzeitstellen im Bundesdurchschnitt liegt, der Kinder- und Jugendhilfestatistik von 2008 zu Folge, bei ca. 40%. Gleichzeitig ist die Anzahl der geringfügig Beschäftigten um einen Anteil von 29% angestiegen. Er bezeichnet diese Entwicklung als „Niedergang inmitten einer seit Jahren um sich greifenden Bildungsdebatte“ (*Lindner* 2008b, S. 2). (Vgl. Lindner 2008b, S. 1ff)

An anderer Stelle beschreibt Benno Hafeneger eine ähnliche Entwicklung: Kinder- und Jugendhilfepolitik ziehe sich derzeit tendenziell aus der öffentlichen Verantwortung zurück. In Bezug auf die Kinder- und Jugendarbeit seien Merkmale hierfür die ständige Infragestellung ihrer Legitimation, die Reduzierung der Mittel für die Offene Kinder- und Jugendarbeit und die Stärkung des Ehrenamtes in diesem Arbeitsfeld, welches zur Schwächung der professionellen Arbeit im Feld beitrage. Ein weiteres Merkmal für die schlechte finanzielle Ausstattung sei die Knüpfung der Fördermöglichkeiten von Kinder- und Jugendarbeit an kurzfristige Projekte und Evaluation, das heißt die Überprüfung der Wirtschaftlichkeit der Arbeit. Da diese Verfahren aus der Betriebswirtschaft übernommen worden seien und der Eigenlogik der Kinder- und Jugendarbeit nicht gerecht würden, wirke sich dies eher kontraproduktiv auf das Feld aus. Dennoch betrachtet Hafeneger an dieser Stelle Evaluation nicht durchweg negativ, sondern betont auch deren durchaus positive Effekte für die Arbeit. Auf diesen Aspekt wird in Kapitel 2.3.3 noch genauer eingegangen. (Vgl. *Hafeneger* 2008, S. 37ff)

2.2.4 Die Mitarbeiterinnen und Mitarbeiter

Auch hinsichtlich der Art der Beschäftigung und der Qualifikation der Mitarbeiterinnen und Mitarbeiter ist die Offene Kinder- und Jugendarbeit sehr heterogen. In einem Beitrag hierzu beziehen sich Werner Thole und Jens Pothmann auf die Jugendhilfestatistik vom 31.12.1998. Diese belegt, dass 43% der Mitarbeiterinnen und Mitarbeiter der Kinder- und Jugendarbeit der Bundesrepublik Deutschland hauptamtliche Vollzeitbeschäftigte sind. 42% sind teilzeitbeschäftigt und 15% gehören den Nebenamtlichen, Ehrenamtlichen oder Honorarkräften an. Wiederum 48,4 % aller in der Kinder- und Jugendarbeit Beschäftigten arbeiten in der Offenen Kinder- und Jugendarbeit. 24,4% der in der Kinder- und Jugendarbeit Beschäftigten gelten als über ein Studium der Sozialarbeit/ Sozialpädagogik (FH) oder der Erziehungswissenschaft (Uni) fachlich für diese Tätigkeit ausgebildet. 16,7 % sind durch eine fachspezifische Ausbildung (Erzieher, Kinderpfleger, etc.) als qualifiziert angesehen. 9,3% können einen Hochschulabschluss vorweisen, der allerdings fachlich nicht als einschlägig gelten kann. Annähernd 14% der Beschäftigten haben 1998 keinen Ausbildungsabschluss nachweisen können. (Vgl. *Thole/ Pothmann* 2005, S. 21ff)

In Hinblick auf die Rolle der Mitarbeiterinnen und Mitarbeiter in der Offenen Kinder- und Jugendarbeit sieht die AGOT-NRW diese in der Verantwortung, Kinder und Jugendliche vor Gefahren zu schützen, präventiv zu arbeiten und bei Bedrohung umgehend Hilfsangebote anbieten zu können. Pädagogische Fachkräfte stünden in diesem Arbeitsfeld im direkten Kontakt zu den Besuchern und zeigten durch die dort geleistete Beziehungsarbeit den Besuchern Wege auf, ihre Interessen und Bedürfnisse zu entdecken und zu fördern. (Vgl. *AGOT-NRW* 2007, S. 12)

Bezüglich der Stellung der Mitarbeiterinnen und Mitarbeiter in der Offenen Kinder- und Jugendarbeit betont Müller, dass diese die Jugendlichen auf ihrem Weg ins Erwachsenenleben und auf dem Weg zur Entwicklung einer Persönlichkeit, die eigenverantwortlich handeln und sich für das Gemeinwesen engagieren kann, begleiten. Die pädagogischen Fachkräfte ermöglichten es den Jugendlichen, eine vertrauensvolle Beziehungsbasis kennen zu lernen, aufgrund derer sie Neues ausprobieren könnten. Auch dienten Mitarbeitende als Rollenvorbilder, die Alternativen zu den Handlungs- und Denkmustern jugendkultureller Milieus aufzeigen können und so auch Felsen in der Brandung seien, an denen Kinder und Jugendliche sich anlehnen oder sich reiben dürfen. (Vgl. *Müller* 2004, S. 35)

An anderer Stelle schreibt Müller, dass Mitarbeiterinnen und Mitarbeiter „als gestandene Erwachsene mit ihnen umgehen können" (*Müller* 2005, S. 50) sollen und ihnen „Offenheit und Halt" (*Böhnisch u.a.* 1998, zit. n. *Müller* 2005, S. 50) zugleich anbieten müssen.

2.2.5 Die Zielgruppe

Wie in Kapitel 1.1 zu den rechtlichen Grundlagen bereits erwähnt, ist die Offene Kinder- und Jugendarbeit grundsätzlich ein Angebot, welches für alle jungen Menschen gedacht ist. Somit ist auch die Zielgruppe zunächst einmal sehr heterogen. Die Bedürfnisse jeweiliger Nutzerinnen und Nutzer werden in der Umsetzung dadurch berücksichtigt, dass Offene Kinder- und Jugendarbeit sehr vielfältige und spezielle Angebote für beide Geschlechter, für Jugendliche mit Migrationshintergrund, für ganze Cliquen, für rechtsorientierte Jugendliche und andere Gruppierungen zur Verfügung stellt und auch flexibel reagieren und Angebote verändern und weiterentwickeln kann.

In einem Beitrag zur Geschichte der Offenen Kinder- und Jugendarbeit beschreibt Hafeneger jedoch, dass sich seit Ende der 1970er Jahre eine „kompensatorische[…] Ausrichtung und sozialpolitische[…] Funktionalisierung der Jugendarbeit" (*Hafeneger* 2005, S. 516) abgezeichnet hat. Dies äußerte sich damals dadurch, dass neue gesellschaftliche Phänomene, wie Jugendarbeitslosigkeit, die Zunahme abweichenden Verhaltens und die Notwendigkeit zur Unterstützung der Lebensbewältigung, der Offenen Kinder- und Jugendarbeit als zusätzliche Aufgaben aufgetragen wurden. Zugleich engagierten sich die vormals aktiven Jugendlichen der Jugendarbeit nun eher in sozialen Bewegungen der Zeit und zogen sich aus der Jugendarbeit zurück. Vermehrt entdeckten nun Jugendliche aus unteren sozialen Schichten Jugendzentren für sich. In den 1990er Jahren wurde dann der Anspruch, für alle Jugendlichen attraktiv zu sein, aufgegeben und Jugendarbeit wird von da an als ein Angebot unter vielen Freizeitangeboten für Kinder- und Jugendliche aufgefasst. Auch wird vor diesem Hintergrund die Relevanz der Offenen Kinder- und Jugendarbeit für sozial benachteiligte, männliche Jugendliche mit Migrationshintergrund in Großstädten und Ballungszentren, besonders hervorgehoben. (Vgl. *Hafeneger* 2005, S. 516ff) Auch Scherr weist diesbezüglich darauf hin, dass Kinder- und Jugendarbeit „vielerorts zu einem Ort von im weitesten Sinne sozial benachteiligten Jugendlichen geworden" (*Scherr* 2002, S. 102f) ist. Nach Deinet und Sturzenhecker werden diese in der Offenen Kinder- und Jugendarbeit offenbar nicht als Problemgruppe behandelt, sondern über eine Orientierung an ihren Ressourcen und Stärken wird ihnen

Anerkennung zuteil, die dann wiederum zur Förderung ihrer Persönlichkeitsentwicklung beiträgt (vgl. *Deinet/ Sturzenhecker* 2005, S. 14).

Aufbauend auf die grobe Analyse des Feldes der Offenen Kinder- und Jugendarbeit, bezieht sich das hieran anschließende Unterkapitel auf aktuell bevorstehende neue Herausforderungen, die die Gesamtgesellschaft zukünftig bewältigen werden muss. Der gesellschaftliche Wandel mit der Pluralisierung von Lebensstilen und Familienformen; die Wandlung hin zu einer Gesellschaft, in welcher Wissen ständig aktualisiert werden muss; die Sparmaßnahmen öffentlicher Haushalte und die damit verbundene Anforderung zur ständigen Legitimation der eigenen Arbeit; und nicht zuletzt die Ergebnisse der ersten PISA-Studie, die auf eklatante Mängel im deutschen Bildungssystem hinwies, stellen auch die Offene Kinder- und Jugendarbeit vor neue Herausforderungen.

2.3 Neue Herausforderungen

Unsere Gesellschaft befindet sich in einem allumfassenden, sozialen und ökonomischen Wandlungsprozess, welcher auch vor der Offenen Kinder- und Jugendarbeit nicht Halt macht. Diese – so Deinet und Sturzenhecker – wird momentan mit folgenden Herausforderungen konfrontiert:

> „Die (offene) Kinder- und Jugendarbeit steht derzeit vor Herausforderungen bislang ungekannten Ausmaßes, ... Eine sich wechselseitig beschleunigende Konstellation aus umfassenden, gesellschaftspolitischen Umbrüchen, anhaltender (jugend)- politischer Ratlosigkeit und vorgeblich alternativlosen Spar- und Kürzungszielen stellt auch die bisherige Funktion der Kinder- und Jugendarbeit in beispielloser Weise in Frage." (*Deinet/ Sturzenhecker* 2005, S. 13)

An die Position von Deinet und Sturzenhecker anknüpfend, werde ich zunächst konkreter beschreiben, welchen Wandlungsprozessen die Gesamtgesellschaft momentan unterliegt.

Schon 1986 wies Ulrich Beck auf Veränderungen der Gesellschaft und des Zusammenlebens in der Familie hin, die sich, bedingt durch die Auflösung festgelegter Muster der Lebensführung und die Flexibilisierung von Arbeitszeiten und Anstellungsverhältnissen, in einer wachsenden Pluralisierung und Individualisierung äußerten. In individualisierten Gesellschaften, die geprägt sind von der Auflösung traditioneller Formen des Zusammenlebens und von der Entgrenzung vorgegebener Muster der Lebensführung, ist jedes Individuum im Prinzip seines eigenen Glückes Schmied und baut sich seine Biographie zusammen. (Vgl. *Beck* 1986, S. 208ff)

Folgerichtig beschreibt auch der 12. Kinder- und Jugendbericht der Bundesregierung[4], dass das „männliche Ernährermodell“ und die „Hausfrauenehe“ (*BMFSFJ* 2005, S. 17) an Selbstverständlichkeit verloren haben. Frauen verbleiben insgesamt länger im Ausbildungssystem und sind tendenziell nicht mehr bereit, ausschließlich Hausfrau und Mutter zu sein, sondern wollen sich auch in den Arbeitsmarkt integrieren und sich beruflich verwirklichen. Der 12. KJB betont vor diesem Hintergrund, dass die Betreuung der Kinder und die gleichzeitige Ausübung eines Berufs sich oft nicht vereinbaren lassen, da unser Erziehungs-, Betreuungs- und Bildungssystem mit der Struktur der Halbtagsgrundschule und der Betreuung der unter Dreijährigen zu Hause, noch auf der Struktur des alten Familienmusters begründet liegt. Da dieses traditionelle Familienmuster heutzutage aber obsolet geworden sei und daher nicht mehr darauf gebaut werden könne, bedürfe es in der Konsequenz der Neuausrichtung unseres gesamten Erziehungs-, Betreuungs- und Bildungssystems. Es müsse ein neues Verhältnis von öffentlicher und privater Erziehung, Betreuung und Bildung gefunden werden. Familien sollten bei dem Versuch, Berufs- und Familienleben miteinander in Einklang zu bringen, Unterstützung erhalten. (Vgl. *BMFSFJ* 2005, S. 17f)

Auch das von der letzten Bundesregierung eingesetzte Bundesjugendkuratorium[5] hat mit seiner Streitschrift „Zukunftsfähigkeit sichern! – Für ein neues Verhältnis von Bildung und Jugendhilfe“ vom Dezember 2001 beschrieben, welche Merkmale die Gesellschaft der Zukunft prägen werden und welcher Handlungsbedarf diesbezüglich besteht. Laut BJK werden wir in einer Gesellschaft leben, deren Grundpfeiler Wissen, Risiko, Arbeit, Demokratie, ziviles Engagement und Einwanderung sein werden. In der Folge stellen sich an jeden Einzelnen besondere Herausforderungen:

- Jeder Einzelne wird seinen Wissensvorrat ständig erneuern, immer dazu lernen und kreative Problemlösungsstrategien entwickeln müssen.
- Identitätsbildung wird unter der Bedingung der flexiblen Lebensplanung erfolgen müssen. Unwägbarkeiten werden mit zum Alltag gehören, wodurch die eigene Handlungsfähigkeit jedoch nicht beeinträchtigt werden darf.

---

4 In jeder Legislaturperiode gibt die Bundesregierung einen Kinder- und Jugendbericht in Auftrag, der von einer Sachverständigenkommission erstellt wird. Für den 12. Kinder- und Jugendbericht war das Deutsche Jugendinstitut federführend. Die Berichte dienen der Erhebung des Bestands und der Analyse im Bereich der Jugendhilfe und enthalten Empfehlungen zur Weiterentwicklung. Hier wird der 12. Kinder- und Jugendbericht im weiteren Verlauf mit der Kurzform 12. KJB benannt.

5 Das Bundesjugendkuratorium ist ein Sachverständigengremium mit Experten aus Politik, Verwaltung, Verbänden und Wissenschaft, welches die Bundesregierung in grundsätzlichen Fragen der Kinder- und Jugendhilfe berät. Das Bundesjugendkuratorium wird im weiteren Verlauf durch die Kurzform BJK benannt.

- In der Erwerbsarbeit werden immer höhere Anforderungen an den Einzelnen gestellt, sei es durch Flexibilität am Arbeitsplatz, Akzeptanz von Ortswechseln bei betrieblichen Veränderungen, Kurzarbeit, die Überbrückung von Zeiten instabiler Beschäftigung, Weiterqualifizierung und Anderes.
- Die von Heterogenität geprägte Gesellschaft wird demokratisch bleiben und Differenzen werden über Mehrheitsentscheidungen ausgehandelt werden müssen, um Extremen vorzubeugen.
- Gegenseitige Unterstützung, Solidarität, Netzwerkarbeit und Kooperation werden das gemeinschaftliche Leben weiterhin stärken müssen.
- Zuletzt sollten Formen des miteinander Lebens und aufeinander Zugehens konzipiert werden, die es ermöglichen, unterschiedliche Kulturen zu leben und aber auch vom jeweilig Anderen zu profitieren.

Das BJK betont an dieser Stelle, dass diese Aspekte sowohl die Individuen als auch die Gesellschaft vor neue Herausforderungen stellen und erfordern, dass alle an Bildung, Betreuung und Erziehung Beteiligten in Deutschland zusammenarbeiten.

Hinsichtlich der genannten Veränderungen und Herausforderungen durch den allumfassenden gesellschaftlichen Wandel wird vor allem hervorgehoben, dass insbesondere der Bildung ein gewichtiger Stellenwert zukommen wird. Bildung ist „der entscheidende ‚Rohstoff' und die grundlegende Bedingung für individuellen Lebenserfolg ... ökonomische Zukunft, Wettbewerbsfähigkeit und gesellschaftlichen Wohlstand [und] die unerlässliche Grundlage und lebenslange Erfordernis der Lebensführung und Lebensbewältigung der Menschen" (*BJK* 2002, S. 159). (Vgl. *BJK* 2002, S. 159ff) Ebenso betrachtet Münchmeier Bildung als essentiellen Motor der Gesellschaft der Zukunft, der „zur entscheidenden Ressource der Lebensführung" (*Münchmeier* 2005, S. 651) wird.

Nicht zuletzt dürfte die Annahme, dass Bildung die zentrale Ressource eines Jeden in der Gesellschaft der Zukunft darstellen wird, dazu beigetragen haben, dass die Ergebnisse der PISA-Studie aus dem Jahr 2000, die dem deutschen Bildungssystem einen umfassenden Reformbedarf bescheinigte, eine breite Bildungsdebatte entfacht haben. Im sich anschließenden Unterkapitel werden deshalb zunächst die Ergebnisse der Studie und deren Bedeutung für das Bildungssystem aufgezeigt, bevor dann auf die sich hieraus ergebenden Anforderungen an die Offene Kinder- und Jugendarbeit eingegangen wird.

2.3.1 Bildung als zentrale Ressource der Zukunft und die Ergebnisse der ersten PISA-Studie

Die von der Organisation für wirtschaftliche Zusammenarbeit und Entwicklung (OECD) erstmals im Jahr 2000 durchgeführte Studie „Programme for International Student Assessment" (PISA) hatte sich zum Ziel gesetzt, durch die Ermittlung des Bildungsstands bei 15-jährigen Schülerinnen und Schülern, Rückschlüsse auf die Leistungsfähigkeit der Bildungssysteme ihrer Mitgliedsstaaten zu ziehen. In der Kurzzusammenfassung der PISA Ergebnisse 2000 des Max-Planck-Instituts skizzieren Cordula Artelt u.a., dass durch die Studie „Prozess- und Ertragsindikatoren" herausgearbeitet wurden, die es ermöglichen sollten, „politisch-administrative Entscheidungen" (*Artelt u.a.* 2001, S. 4) zur Verbesserung der Bildungssysteme treffen zu können. Untersucht wurden die Schulleistungen 15-jähriger Schülerinnen und Schüler im Lesen, auf welchem der Hauptschwerpunkt der Untersuchung von 2000 lag, und im mathematischen und naturwissenschaftlichen Bereich, welche anhand globalerer Leistungsprofile untersucht wurden. Zusätzlich wurden fächerübergreifende Basiskompetenzen wie selbst gesteuertes Lernen, Transferleistungen, also Wissensübertragung und Anwendung des Gelernten von einem Bereich auf einen Anderen, und technische Kompetenzen in Form von Umgang mit Computern, untersucht. Deutschland hat durch die Erweiterung mit PISA E die Option wahrgenommen, die Jahrgangsstufe der Klasse 9 zu untersuchen und zusätzliche Daten erhoben, um einen repräsentativen nationalen Vergleich der einzelnen Bundesländer zu ermöglichen. Durch Multiple-Choice-Fragebögen und offene Fragen wurde die Problemlösungskompetenz der Schülerinnen und Schüler ermittelt. Fragebögen über deren Hintergrund sollten darüber hinaus Aufschluss über mögliche Zusammenhänge von Bildungsstand und Herkunft geben. Die Schulleitungen wurden gebeten, Fragebögen zur Schule zu beantworten. (Vgl. *Artelt u.a.* 2001, S. 4ff)

Hans-Uwe Otto und Thomas Rauschenbach fassen die Ergebnisse der Studie in ihrem Beitrag „Die neue Bildungsdebatte – Chance oder Risiko für die Kinder- und Jugendhilfe" folgendermaßen zusammen: Im internationalen Vergleich habe PISA aufgezeigt, dass Deutschland das Land mit der größten Varianz zwischen guten und schlechten Schülerleistungen sei. Es erscheine daher als wahrscheinlich, dass die frühe Aufteilung auf unterschiedliche Schulformen Unterschiede in den Leistungen befördere. Auch hätten die Ergebnisse von PISA und PISA E 2000 gezeigt, dass in Deutschland nach wie vor die soziale Herkunft über die Bildungschancen entscheide und Gleichheit im Bildungssystem nicht verwirklicht sei. Die Kompetenzunterschiede seien sogar noch mehr auf die soziale Herkunft als auf die unterschiedlichen Schulformen zurückzuführen, das heißt, die negativen Bedingungen der Entwicklung der Kompetenzen von Schülerinnen und Schülern lägen vor allem außerhalb der Schule. (Vgl. *Otto/ Rauschenbach* 2004, S. 12ff)

Darauf Bezug nehmend wird in der Kurzzusammenfassung der Ergebnisse der Studie angemerkt, dass knapp ein Viertel der Schülerinnen und Schüler in Deutschland nur die unterste der für die Studie entwickelten Kompetenzstufen erreicht hat und besonders viele davon sich in den unteren Sozialschichten befanden. Diesbezüglich hat der internationale Schulleistungsvergleich allerdings gezeigt, dass ein Zusammenhang zwischen sozialer Herkunft und erworbenen Kompetenzen nicht zwangsläufig besteht, sondern Bildungssysteme und eine ausgleichende Sozialpolitik Unterschiede auch minimieren und reduzieren können:

> „Während in Deutschland die Kopplung von sozialer Lage der Herkunftsfamilie und dem Kompetenzerwerb der nachwachsenden Generation ungewöhnlich straff ist, gelingt es in anderen Staaten ganz unterschiedlicher geographischer Lage und kultureller Tradition, trotz ähnlicher Sozialstruktur der Bevölkerung, die Auswirkungen der sozialen Herkunft zu begrenzen. Dies ist in der Regel auf eine erfolgreichere Förderung von Kindern und Jugendlichen aus sozial schwächeren Schichten zurückzuführen." (*Artelt u.a.* 2001, S. 41).

Als Beispiele werden hier Länder wie Finnland und Island, aber auch Korea und Japan angeführt. Insgesamt scheint für Deutschland bezeichnend, dass die Auswirkung der sozialen Herkunft auf die Bildungskarriere auch schon vor der Grundschule beginnt und sich an bestimmten Stellen des Bildungssystems verdichtet. Speziell im Hinblick auf Zusammenhänge zwischen dem Migrationsstatus von Familien und der Bildungsbeteiligung ihrer Kinder und Jugendlichen weisen die Herausgeber auf die entscheidende Rolle der Sprachkompetenz für Bildungskarrieren hin. Hier zeigt sich, wie wichtig für Deutschland eine möglichst frühe Förderung der Sprachkompetenz ist, wo früher als in anderen PISA Teilnahmeländern eine Aufteilung der Schülerinnen und Schüler auf unterschiedliche Bildungsgänge erfolgt. (Vgl. *Artelt u.a.* 2001, S. 36ff)

Jürgen Oelkers zum Beispiel sieht vor diesem Hintergrund die wichtigste Aufgabe der kommenden Bildungsreform in der gerechten Verteilung von Chancen und der „Bearbeitung von Benachteiligung" (Oelkers 2006, S. 238).

Diesbezüglich betont Hans Thiersch die Notwendigkeit der Einbeziehung der Sozialpädagogik und ihrer Bildungsleistungen in die Umgestaltung des gesamten Bildungswesens, da diese einen Beitrag „zur sozialen Gerechtigkeit in Bezug auf [die Entfaltung von, d. Verf.] Lebenskompetenzen" (*Thiersch* 2006, S. 30) leiste. Daher müssten auch die in ihr angelegten Bildungspotenziale stärker gewürdigt und nicht mehr als nachrangig zur Schule betrachtet werden. (Vgl. Thiersch 2006, S 21)

Auch Stephan Sting bezieht in einem Beitrag Bildung explizit auf das Feld der Sozialpädagogik und weist auf den sozialen Kontext und „die soziale Verortung von Bildungsprozessen in einem gesellschaftlichen Horizont jenseits der Schule“ (*Sting* 2002, S. 231) hin. Er bezeichnet diese Momente von Bildung als „soziale Bildung“ und weist auf die soziale Selektion im formalen Bildungswesen und den Zusammenhang von sozialer Herkunft und Erfolg im Bildungssystem hin. Vor diesem Hintergrund müsse ein sozialpädagogischer Blick auf Bildung erfolgen, der die durch PISA festgestellte Korrelation von Bildungschancen und sozialer Herkunft reflektiert und für ein breiteres Verständnis von Bildung plädiert. (Vgl. *Sting* 2002, S. 231f)

Andere Theoretiker der Sozialpädagogik weisen in diesem Zusammenhang darauf hin, dass sich die an die Bekanntgabe der Ergebnisse der PISA-Studie anschließende Bildungsdebatte zunächst hauptsächlich auf Reformvorhaben in Schule, Berufsausbildung und Hochschule beschränkte und die Jugendarbeit in dieser Diskussion gar nicht bis randständig als Bildungsinstitution wahrgenommen wurde (vgl. *Sting* 2002, S. 231; *Lindner u.a.* 2003, S. 7; *Hornstein* 2004, S. 15; *Sting/ Sturzenhecker* 2005, S. 230). Lindner bemängelt zum Beispiel, dass die Jugendhilfe erst durch die Stellungnahmen des Bundesjugendkuratoriums, das sich mit der Streitschrift „Zukunftsfähigkeit sichern! – Für ein neues Verhältnis von Bildung und Jugendhilfe“ im Dezember 2001 und den Leipziger Thesen „Bildung ist mehr als Schule“ im September 2002 in die Debatte einmischte, in der Diskussion berücksichtigt wurde (vgl. *Lindner u.a.* 2003, S. 7). Flankierend dazu haben diverse weitere Veröffentlichungen[6], ebenso wie der 12. KJB, der im April 2005 erschien und für ein ganzheitliches Verständnis von Bildung plädierte, dazu beigetragen, die Jugendhilfe stärker in Überlegungen zur Neugestaltung des Bildungssystems mit einzubeziehen.

Eine Forderung, die im Zuge dessen seitens der Fachwelt immer wieder formuliert wurde, ist die Kooperation aller an Bildung Beteiligter, welche direkt im Anschluss erläutert wird.

2.3.2 Die Kooperation aller an Bildung Beteiligter als Konsequenz

Hinsichtlich der Ergebnisse der ersten PISA-Studie fordert das Bundesjugendkuratorium, dass die Reproduktion sozialer Ungleichheit in Deutschland durch das Bildungssystem abgebaut und ganzheitliche Bildung der Persönlichkeit eingelöst

6 Um nur einige zu nennen: *Lindner et al. (Hg.)*: Kinder- und Jugendarbeit als Bildungsprojekt, 2003; *Sturzenhecker:* Jugendarbeit ist außerschulische Bildung, 2003; *Otto/ Rauschenbach (Hg.)*: Die andere Seite der Bildung, 2004; *Delmas/ Scherr:* Bildungspotenziale der Jugendarbeit, 2005; *Müller/ Schulz:* Hypothesen und empirische Hinweise zu den Bildungschancen von Jugendarbeit, 2005

wird. Dies könne aber nur umgesetzt werden, wenn die Rahmenbedingungen für das Aufwachsen jüngerer Generationen in Deutschland neu gesetzt würden. Zugleich wird die Zuständigkeit der Bildungspolitik und deren Verantwortung dafür, dass in alle Bereiche von Bildung investiert wird, hervorgehoben. Formelle Bildung allein – so das BJK – die den Großteil des Schulalltags dominiert, kann Kinder- und Jugendliche nicht mit allem ausstatten, was sie für die Bewerkstelligung des Lebens in der Gesellschaft der Zukunft brauchen. Vielmehr könne ganzheitliche Bildung nur durch die Kooperation von den sich bisher abgrenzenden Bildungsinstitutionen Familie, Jugendhilfe und Schule, erreicht werden. Es bedürfe daher einer Verständigung über gemeinsame Ziele und einer ganzheitlichen Auffassung von Bildung. (Vgl. *BJK* 2002, S. 164ff)

Auch der 12. KJB empfiehlt an dieser Stelle eine arbeitsfeldübergreifende Kooperation im gesamten Erziehungs- und Bildungswesen:

> „1. Das Zusammenspiel und die Abstimmung der Bildungs-, Betreuungs- und Erziehungsangebote für Kinder und Jugendliche sind zu verbessern. Mehr vernetzte Angebote für Kinder und Eltern aus einer Hand, ‚Häuser für Kinder' bzw. ‚Häuser für Familien', eine wechselseitige Anbindung von Kindergarten und Schule sowie aufeinander abgestimmte schulische und nicht-schulische Angebote können dazu beitragen, dass die unterschiedlichen Lebens- und Lernwelten der Kinder enger verzahnt werden. Damit Stabilität und Verlässlichkeit in einem solchen System gesichert und die bestmögliche Förderung von Kindern erreicht wird, ist eine Entscheidungskompetenz vor Ort von maßgeblicher Bedeutung." (*BMFSFJ* 2005, S. 42)

Vor dem Hintergrund einer bereichsübergreifenden Zusammenarbeit zeigt sich vor allem die Kooperation von Jugendhilfe und Schule von aktueller Relevanz, die auch die Offene Kinder- und Jugendarbeit vor neue Herausforderungen stellt.

In einer gemeinsamen Erklärung zur „Zusammenarbeit von Schule und Jugendhilfe" des Schulausschusses der Kultusministerkonferenz (KMK) und der Arbeitsgemeinschaft für Jugendhilfe (AGJ) wird betont, „dass bestmögliche Bedingungen für die erfolgreiche Bildung und Förderung junger Menschen in der Schule bzw. in der Kinder- und Jugendhilfe nur dann zu realisieren sind, wenn die Lebenswelten der Kinder und Jugendlichen ganzheitlich als Bildungsgefüge gesehen und in die pädagogischen Aktivitäten einbezogen werden" (*AGJ* 2004, S. 55f). Eine Kooperation von Schule und Jugendhilfe wird diesbezüglich als unerlässlich angesehen. Hinsichtlich deren Ausgestaltung wird auch betont, dass diese nur unter bestimmten Voraussetzungen Früchte tragen kann. Die AGJ und KMK erachten es an dieser Stelle als notwendig, dass Formen der Zusammenarbeit etabliert werden, die die Kompetenzen der jeweiligen Beteiligten nutzen und deren Eigenständigkeit im Geschehen anerkennen und bewahren. Um das Prinzip der ganzheitlichen Bildung einzulösen, müsse eine Zusammenarbeit auf gleicher Augenhöhe etabliert werden. Realisiert werden könne eine solche Form der Vernetzung durch die Öffnung von Schule über den Unterrichtsauftrag hinausgehend und die Integration außerschulischer offener Angebote. Die Form des Angebots müsse am Bedarf der Kinder, Jugendlichen und ihrer Eltern im jeweiligen Sozialraum ausgerichtet sein und in regelmäßigen Abständen evaluiert und angepasst werden. Eine erfolgreiche Kooperation setze voraus, dass gemeinsame Besprechungen, Arbeitskreise von Jugendhilfe und Schule auf regionaler Ebene, gegenseitige Beteiligung an Besprechungen und die Etablierung gemeinsamer Fortbildungen erfolgen. Jedoch unterstreichen die AGJ und die KMK auch, dass eine bloße Überführung von Jugendhilfeangeboten in Schulangebote zur Erweiterung des Gesamtspektrums nicht beiträgt. (Vgl. *AGJ* 2004, S. 55ff)

Auch das BJK weist in diesem Zusammenhang darauf hin, dass die Ausweitung des schulischen Auftrags und die Veränderung ihrer Tagesstruktur letztlich aber nicht die Vereinnahmung der Kinder- und Jugendhilfe für ihre Zwecke oder gar deren Auflösung, bedeuten darf:

> „In diesem Zusammenhang muss sich Jugendhilfe auch gegenüber Schule neu positionieren. Auf der einen Seite kann Jugendhilfe nur begrüßen, wenn sich die Schule als zentrale Bildungsinstitution vom Lernort zum Lebensort von Kindern und Jugendlichen weiterentwickelt. Auf der anderen Seite ersetzt dies weder ihre Aufgabe … . Noch kann … auf die allgemeinen komplementären Bildungsleistungen der Jugendhilfe nicht [sic!] verzichtet werden." (*BJK* 2002, S. 172)

Insgesamt bleibt anzumerken, dass sich die Kooperation von Jugendhilfe und Schule noch in den Anfängen befindet und sich noch keine allgemeingültigen Standards herausgebildet haben. Auch im „Handbuch Kooperation zwischen Offener Kinder- und Jugendarbeit und Schule", welches im Zuge eines Studienprojektes an der Fachhochschule Münster erst im Januar 2009 veröffentlicht wurde, wird diesbezüglich angemerkt, dass „es weiterer Forschung, Unterstützung durch Träger, Schulverwaltungen und Politik, sowie finanzieller Investitionen" (*Leifheit/ Dummann* 2009, S. 84) bedarf.

2.3.3 Anforderungen an die Offene Kinder- und Jugendarbeit

In Anbetracht der nötigen Neuausrichtung des Bildungssystems mit Einbeziehung der gesamten Kinder- und Jugendhilfe steht auch die Offene Kinder- und Jugendarbeit vor neuen Aufgaben und wird von Außen mit vielfältigen Anforderungen konfrontiert.

Unter anderem hat das BJK verschiedene Forderungen formuliert und weist in seiner Streitschrift zunächst darauf hin, dass Bildungsprozesse hauptsächlich noch im Hinblick auf ihre Nützlichkeit und Verwertbarkeit diskutiert werden. Bildung werde vor allem im Kontext von Wissens- und Qualifikationserwerb verengt und nicht in ihrer Vielschichtigkeit wahrgenommen. Vor diesem Hintergrund sieht das BJK die Aufgabe der Kinder- und Jugendhilfe vor allem darin, die Mitwirkung im Bildungsdiskurs gezielt einzufordern und Kooperation, als zwingende Voraussetzung von Bildung als „Querschnittsaufgabe“ (*BJK* 2002, S. 171), voranzutreiben. (Vgl. *BJK* 2002, S.160ff)

Auch in der sozialpädagogischen Theoriediskussion sind Forderungen bezüglich der Einbringung der Kinder- und Jugendarbeit in die Bildungsdebatte zu finden, von denen nun einige als Beispiele herangezogen und vorgestellt werden.

Burkhard Müller ruft zum Beispiel vor allem dazu auf, das eigene Selbstverständnis von Bildung zu überprüfen und zu klären, wie Kinder und Jugendliche für die neuen Herausforderungen gerüstet und sie auf dem Weg ins Erwachsenenleben unterstützt werden können (vgl. *Müller* 2004, S. 37). Darüber hinaus wird zum Beispiel durch Walter Hornstein die Qualifizierung der Bildungspraxis der Kinder- und Jugendarbeit gefordert (vgl. *Hornstein* 2004, S. 16).

Hafeneger kritisiert diesbezüglich, dass die Kinder- und Jugendarbeit den derzeit stattfindenden Diskurs über die Reform der Erziehungs-, Bildungs- und Sozialsysteme nicht mitbestimmt und sich eher defensiv verhält. Sie ziehe sich in Resignation und Lähmung zurück, anstatt sich in der öffentlichen und politischen Bildungsdebatte einzubringen. Ferner sei es notwendig, dass die Kinder- und Jugendarbeit verstärkt empirisch beschreibe und selbstbewusst aufzeige, was getan und welche Leistung erbracht wird. Seiner Ansicht nach kann Evaluation zum Beispiel auch zur Profilierung der Kinder- und Jugendarbeit beitragen. Durch Evaluation könne zum Beispiel aktiv die Wirkung der Arbeit aufgezeigt und nach Außen kommuniziert werden, um die Anerkennung der Bildungspotenziale von Kinder- und Jugendarbeit voranzubringen. (Vgl. *Hafeneger* 2008, S. 37ff)

In diesem Kontext weisen Lindner und Sturzenhecker darauf hin, dass die Kinder- und Jugendarbeit schon seit Anbeginn ihres Bestehens über einen außerschulischen gesetzlichen Bildungsauftrag verfügt, jedoch immer wieder im Unklaren bleibt, wie dieser angesichts neuer Herausforderungen umgesetzt werden soll. Aufgabe der Jugendarbeit ist es ihrer Ansicht nach, Stellung zu beziehen und der Gesellschaft und Öffentlichkeit aufzuzeigen, wie und wodurch sie Bildungsprozesse der Kinder und Jugendlichen anregt und fördert. Aber auch von fachlicher Seite her sehen sie Handlungsbedarf und bemerken, dass der Bildungsauftrag auch in der Profession selbst verankert, diskutiert und reflektiert

werden muss, um ein Selbstverständnis von Jugendarbeit als Bildungsarbeit herstellen zu können. (Vgl. *Sturzenhecker/ Lindner* 2004, S. 7ff)
Hinsichtlich dieser Feststellungen und der genannten Anforderungen konstatiert Sturzenhecker zusammenfassend:

> „Für Jugendarbeit ist weitere Ignoranz gegenüber Bildung ein Risiko, denn dieses [sic!] führt unter Umständen dazu, dass sie die Chance verkennt, einen eigenen Beitrag in einer umfassend verstandenen Bildung zu erbringen." (*Sturzenhecker* 2004b, S. 156)

Insgesamt scheinen sich die Theoretiker der Sozialpädagogik weitgehend einig darin zu sein, dass Offene Kinder- und Jugendarbeit sich zur Bildung, zu ihrem Begriff von Bildung, zu ihrem Bildungsverständnis und zu ihrer Bildungspraxis positionieren muss, wenn sie in der Gesellschaft der Zukunft weiterhin eine tragende Rolle für Kinder- und Jugendliche spielen will. Wie „Bildung" im Allgemeinen definiert wird und woher der Begriff ursprünglich stammt, soll im folgenden Kapitel erläutert werden, bevor schließlich in Kapitel 4 dezidiert auf die Bestimmung von Bildung in der Offenen Kinder- und Jugendarbeit eingegangen wird.

3 Zur Bestimmung von Bildung

Selbstverständlich ließen sich über „Bildung" ganze Werke verfassen und es erscheint wenig angemessen, dies hier im Rahmen eines Kapitels zu tun. Um aber speziell auf das Thema Bildung in der Offenen Kinder- und Jugendarbeit eingehen zu können, ist es zunächst von elementarer Bedeutung, sich mit dem Bildungsbegriff an sich und seinem Ursprung auseinanderzusetzen. Anhand dieses Kapitels soll zunächst die Vielschichtigkeit des Begriffs „Bildung" dargestellt, der historische Kontext erläutert und das gegenwärtige Verständnis von Bildung bestimmt werden.

3.1 Zum historischen Kontext des Bildungsbegriffs

In meinen Ausführungen hierzu stütze ich mich auf einen Eintrag zu Bildung in der Enzyklopädie der Erziehungswissenschaft.

Mitte des 18. Jahrhunderts setzt sich Bildung als Begriff der pädagogischen Fachsprache durch. Ursprünglich in der Theologie, Mystik und Naturphilosophie verortet, wird Bildung davon losgelöst und zum Leitbegriff der neuzeitlichen Gesellschaft. Bildung wird verstanden als Entfaltung der der Seele von Natur aus innewohnenden Kräfte. Der Mensch wird als mündiges Wesen betrachtet, auf seine Vernunft hin begründet und nicht mehr als „bloße Funktion zufälliger Verhältnisse" (*Menze* 1983, S. 351) verstanden. Bildung will die den Menschen beschränkenden Zwänge aufdecken und auf das Eigenrecht des Menschen hinweisen. Geprägt wird der Bildungsbegriff vom Pietismus und Humanismus der Zeit, was im Humanismus dann zum Leitprinzip „‚Bildung' als … Bestimmung des Menschen" (*Menze* 1983, S. 351) erhoben wird. Bildung ist in Anlehnung an Wilhelm von Humboldt, einen der Vertreter des Humanismus, die Selbstbildung des Menschen und meint das Anregen aller im Menschen liegenden Kräfte, ohne auf äußere Funktionen hin ausgerichtet zu sein. Im Pietismus war die Bestimmung des Menschen noch auf ein Leben in Gottgefälligkeit hin ausgerichtet und Bildung meinte die Förderung und Verwirklichung des durch die Gnade Gottes im Menschen angelegten Potenzials. Im Humanismus wird Bildung dann zum Grundrecht eines jeden Individuums erhöht, da die Gesamtheit aller sich selbst bildenden Individuen zum Ideal der Menschheit erhoben wird. Der Mensch soll die Gelegenheit erhalten, das ausbilden zu können, was er seiner Natur nach ist und soll so zu sich und einem selbst bestimmten Leben gelangen. Für die Humanisten ist dies die reine, die allgemeine Bildung, die sich nicht an äußeren Zwecken orientiert und die durch die Beschäftigung mit „Sprache, Kunst und Mathematik“ (*Menze* 1983, S. 352) erreicht werden kann. Insgesamt ist hieran auch das zeitkritische Element des humanistischen Bildungsideals zu erkennen, denn aufgrund der herrschenden gesellschaftlichen Bedingungen und gegebenen Strukturen waren diese Annahmen in ihrer Gesamtheit nicht umsetzbar. (Vgl. *Menze* 1983, S. 351ff)

Im 19. Jahrhundert wird Bildung dann nicht länger nur als Grundrecht, als Bestimmung des Menschen verstanden sondern auch als Sachbildung, als Kanon von Wissen, welches erworben werden muss, um als gebildet zu gelten. Der Mensch als Subjekt stand im Mittelpunkt der Bildungsbetrachtung bei den Humanisten und wird in dieser Epoche ersetzt durch das Objekt, die Welt. Was das Subjekt können und wissen muss wird nun vom Objekt bestimmt, welches vorgibt, was Bildung bedeutet. Es folgt die Trennung von Ausbildung, welche auf einen bestimmten Zweck hin ausbildet, und allgemeiner Bildung. Die institutionelle Umsetzung wird durch die Einrichtung allgemeinbildender und berufsbildender Schulen vollzogen, die in der Zusammenhanglosigkeit von Ausbildung und Allgemeinbildung gipfelt. Diese, als neuhumanistische Bildung bezeichnete Trennung von Allgemeinbildung und Berufsbildung, gilt alsbald als realitätsfern, rein intellektuell und unpolitisch. Vor diesem Hintergrund entwickeln beispielsweise Georg Kerschensteiner und Eduard Spranger Konzepte, die Allgemeinbildung und berufliche Ausbildung integrieren. Eine weitere Entwicklung, die „polytechnische Bildung“ nach Karl Marx, hat den ganzheitlich gebildeten Menschen zum Ideal, der praktisch tätig, politisch aktiv und Kultur schaffend ist. Diese Art von Bildung sollte durch „Verbindung von produktiver Arbeit mit Unterricht und Gymnastik“ (*Menze* 1983, S. 354) erreicht werden. (Vgl. *Menze* 1983, S. 352ff)

In der Gegenwart wird erneut die humanistische Bildungsauffassung aufgegriffen, deren Praxisferne und die Verformungen durch den Neuhumanismus werden aber überwunden. Gleicherweise wird von einem Verständnis, welches Bildung mit Wissensvermittlung, Qualifikationserwerb und konkreten Ergebnissen in und durch Institutionen gleichsetzt, bewusst abstrahiert.

3.2 Zur gegenwärtigen Bestimmung von Bildung

> „Umgangssprachlich wird unter Bildung häufig das verstanden, was jemand weiß, und – je nach Themengebiet – vielleicht auch noch, was er kann. Dabei wird nach diesem Verständnis zwischen höherer und niederer Bildung unterschieden, je nachdem, was und wie viel jemand weiß, was und wie viel jemand kann. Bildung in diesem Sinne wird gesellschaftlich bewertet, wird als mehr oder weniger gut und wichtig bezeichnet, je nachdem, ob sie der öffentlichen Wertschätzung entspricht und was die ‚Besitzer' mit dieser Bildung anfangen können, ob sie sich lohnt mit Blick auf berufliche Karriere und Einkommen, mit Blick auf Partnerschaft, sozialen Status und kulturelle Anerkennung." (*BMFSFJ* 2005, S. 106)

Auch das BJK beschreibt, dass unser Alltagsverständnis überwiegend noch von einer Gleichsetzung von Bildung mit Schule, Hochschule und Ausbildung geprägt ist (vgl. *BJK* 2002, S.160).

Dies ist gemäß Hartmut von Hentig – Erziehungswissenschaftler – unter anderem ein Ergebnis der Institutionalisierung von Bildung, durch welche Bildung zu einem Prozess geworden ist, an dessen Ende ein Ergebnis steht: „Die Schule hat aus Bildung Schulbildung gemacht." (*von Hentig* 2007, S. 45) Von Hentig weist darauf hin, dass im theoretisch wissenschaftlichen Kontext bereits ein breiteres Verständnis von Bildung vertreten wird. Ihm zufolge wird überwiegend angenommen, dass Bildung nicht an einem konkreten Ergebnis gemessen werden kann, sondern der Gegenstand und das Ziel von Bildung das ist, was den Menschen zu einer reflektierten und selbstständig handelnden Person macht und dies ist individuell sehr unterschiedlich. Allgemein sei die Aufgabe von Bildung in der Selbstbildung des Menschen und zugleich in der Bedienung gesellschaftlicher Bedürfnisse, als Hilfe zur Orientierung und zur Vermittlung von Kultur, als Einführung in die Regeln des Zusammenlebens und als Hinweis auf die Verantwortung des Einzelnen in der Gesellschaft, zu sehen. (Vgl. *von Hentig* 2007, S. 34ff)

Bildung der Gegenwart wird im Eintrag der Enzyklopädie der Erziehungswissenschaft folgendermaßen dargestellt: Bildung meint den Prozess der sich bildenden Persönlichkeit, der nicht an rein äußeren Zwecken ausgerichtet ist und muss im Zusammenhang mit den Anforderungen, die das Leben an das Individuum stellt, gesehen werden. Insofern wird Bildung auch die Funktion zugesprochen, zur Lebensbewältigung von Individuen beizutragen. (Vgl. *Menze* 1983, S. 355)

Demzufolge beschreibt Hans-Joachim Jungblut Bildung auch als offenen, lebenslangen Prozess der abhängig von gesellschaftlichen, institutionellen, ökonomischen, und individuellen Bedingungen ist. Bildung sei vor allem auch aus ihrer gesellschaftlichen Funktion heraus zu verstehen, da die Gesellschaft, das

Soziale, ein Übergewicht gegenüber dem Individuum habe. Seit Friedrich Schleiermacher (1768-1834) bedeutet Bildung immer auch ein Generationenverhältnis, welches die ältere Generation dazu veranlasst, Überlegungen anzustellen, was der jüngeren Generation mit auf den Weg gegeben werden soll. Daran anknüpfend fügte Klaus Mollenhauer (1928-1998) später hinzu, dass auch ein weiteres Kriterium von Bildung die Frage danach, was die jüngere Generation von der Älteren lernen möchte und welche Erwartungen sie an die Gesellschaft hat, sein muss. Er definiert Bildung als einen wechselseitigen Prozess, der sich zwischen Lehrendem und Lernendem vollzieht und versteht Bildung als dialogisch, deskriptiv-analytisch und nicht normativ festgelegt. (Vgl. *Jungblut* 2008, S. 48ff)

Einige dieser genannten Grundannahmen von Bildung greifen auch die Streitschrift des Bundesjugendkuratorium vom Dezember 2001 und der 12. KJB der Bundesregierung von 2005 auf.

„Bildung von Anfang an“ und „Bildung ist mehr als Schule“ (*BMFSFJ* 2005, S. 18) sind die tragenden Leitgedanken des 12. Kinder- und Jugendberichts, welcher sich schwerpunktmäßig auf das „Bildungsgeschehen im Lebenslauf“ (*BMFSFJ* 2005, S. 104) von Kindern und Jugendlichen bezieht. Bildung wird hier als mehr als das, was in Institutionen geschieht, aufgefasst; wird nicht mit den Ergebnissen der Abfrage von erworbenem Wissen gleichgesetzt und wird als auch im Alltag stattfindend und weder zeit- noch ortsgebunden, charakterisiert. Unterschiedliche Gelegenheiten haben bildenden Charakter für Individuen, für die Bildung ein selbst gestalteter, lebenslanger und offener Prozess ist, der sein größtmögliches Gelingen entfalten kann, wenn er selbst bestimmt und in Eigenaktivität erfolgt. Zusätzlich wird angenommen, dass Bildung an vielfältigen Bildungsorten und Lernwelten stattfindet. Neben Schule und Familie als bildungsrelevanten Akteuren ist die Kinder- und Jugendhilfe in Deutschland zu einem wichtigen, bildungsrelevanten Träger geworden. Darüber hinaus gilt es auch, die bildungsrelevanten Leistungen von Vereinen und Verbänden, den jeweiligen Peer-Gruppen und den Medien, entsprechend zu würdigen. Auch betont der 12. KJB die oben bereits angesprochene zweifache Bedeutung von Bildung, die gesellschaftliche und die individuelle. (Vgl. *BMFSFJ* 2005, S. 103ff)

Für die gegenwärtig theoretisch wissenschaftliche Bestimmung von Bildung sind folgende, im 12. KJB und in der Streitschrift angesprochene Merkmale von besonderer Bedeutung: Bildung wird als Aneignung von Welt, als an unterschiedlichen Bildungsorten und Lernwelten stattfindend und als sich in formellen, informellen und nicht-formellen Prozessen ereignend, charakterisiert. Da diese Charakteristika speziell auch in der Bestimmung von Bildung in der sozialpädagogischen Debatte von Relevanz sind, werden diese hier genauer erläutert.

3.2.1 Bildung ist Aneignung von Welt

Der 12. KJB lehnt sich hier an Thiersch an, der diesbezüglich formuliert hat, dass Individuen sich die „ganze[...], unverkürzte[...], komplexe[...] Wirklichkeit" (*Thiersch* 2004, S. 240) dadurch zu eigen machen, dass sie Rollen und gesellschaftliche Erwartungen in das eigene Handlungskonzept übernehmen, sich mit diesen auseinandersetzen und in diesem Prozess zu ihrer individuellen Persönlichkeit finden:

> „Bildung meint zunächst ein allgemeines anthropologisches Konzept, nämlich den für den Menschen charakteristischen Prozess der Aneignung von Welt und der Entwicklung der Person in dieser Aneignung." (*Thiersch* 2004, S. 239)

So würden sich Bildungsprozesse, das heißt Lebensbildungsprozesse, in denen alle für das Leben notwendigen Kompetenzen erlernt werden, in allen Kulturen ereignen und zu Selbstbestimmung, Mündigkeit und Emanzipation befähigen. In unserer Kultur sei dies durch pädagogische Bildungsinstitutionen noch ausgebaut worden. (Vgl. *Thiersch* 2004, S. 239f)

In Anlehnung daran führt der 12. KJB aus, dass dies ein reziproker, aktiver Ko-Konstruktionsprozess aller Beteiligten ist, für den keine konkreten Bildungsziele definiert werden können. Es ließen sich jedoch Kompetenzen identifizieren, die ein Individuum benötigt, um bestimmte individuelle und gesellschaftliche Entwicklungen zu fördern, welche durch Bildung erworben werden können. Diese orientieren sich aber nicht an einem festgelegten Wissenskanon. Durch die Aneignung der „kulturellen, materiell-dinglichen, sozialen und subjektiven Welt" (*BMFSFJ* 2005, S. 110f) würden „kulturelle, instrumentelle, soziale und personale Kompetenzen" erworben werden (*BMFSFJ* 2005, S. 114). Diese grundlegenden Kompetenzen werden noch einmal unterteilt in die Aneignung von kognitiven, moralischen und emotionalen Kompetenzen, („Wissen"), und in die Aneignung von Kompetenzen, für die erworbenes Wissen grundlegend ist, („Können") (vgl. *BMFSFJ* 2005, S. 115). (Vgl. *BMFSFJ* 2005, S. 109ff)

3.2.2 „Bildungsorte und Lernwelten"

Da Bildung sich nicht mehr auf Institutionen reduzieren lässt, plädiert der 12. KJB in der Konsequenz für die Untersuchung der Relevanz anderer, außerschulischer „Bildungsorte und Lernwelten" (*BMFSFJ* 2005, S. 121) für Kinder und Jugendliche. Hier bezieht sich der Kinder- und Jugendbericht explizit auf die Bedingungen und Herausforderungen des gesellschaftlichen Wandels und die

Ergebnisse der PISA-Studie, welche darlegen, dass nicht für alle Kinder- und Jugendlichen Bildung in einem allumfassenden Verständnis geleistet wird. Vor diesem Hintergrund wird darauf hingewiesen, dass die neuere Debatte um Bildung vor allem angeregt hat, nicht nur die Schule als bildungsrelevante Institution aufzufassen, sondern auch die Bedeutung der Bildungspotenziale von Familie, Kindergarten und Kinder- und Jugendhilfe zu untersuchen. Ein umfassender Dialog über die Vernetzung von Bildungsinstitutionen, die Nutzung aller Bildungspotenziale und hierfür notwendige Ressourcen, würde die stattfindende Bildungsdebatte kennzeichnen. Gemäß dem 12. KJB lassen sich hier „Bildungsorte" (formale Bildungssettings) von „Lernwelten" (non-formale Bildungssettings) unterscheiden. „Bildungsorte" sind dadurch gekennzeichnet, dass sie einen expliziten Bildungsauftrag erfüllen und einen gewissen Grad an Planbarkeit und Organisation aufweisen. Auch sind sie räumlich und zeitlich begrenzt und finden in einem institutionellen Setting statt. Hierzu gehören vor allem Schulen und Kindergärten, aber auch bestimmte Angebote der Jugendarbeit werden dazu gezählt. „Lernwelten" sind weniger konkret definierbar und nicht institutionsgebunden, Medien und Peer-Gruppen gehören beispielsweise hierzu. Die Familie wird im 12. KJB als „Bildungswelt" (*BMFSFJ* 2005, S. 121) klassifiziert, die eine Sonderstellung zwischen Lernwelten und Bildungsorten einnimmt. Formal gesehen wäre Familie eher den Lernwelten zuzuordnen, faktisch präge sie aber Bildungsprozesse von Kindern und Jugendlichen in hohem Maße mit und sei daher auch Bildungsorten zuzurechnen. Der Begriff „Bildungswelt" soll beides vereinen. (Vgl. *BMFSFJ* 2005, S. 121ff)

Zusätzlich finden in unterschiedlichen Bildungssettings auch noch unterschiedliche Arten von Bildungsprozessen statt, die im Folgenden erläutert werden.

3.2.3 Bildung ereignet sich in formellen, nicht-formellen und informellen Prozessen

In der Enzyklopädie der Erziehungswissenschaft wird in einem Eintrag zu Bildungsformen der Ursprung der Differenzierung des generellen Bildungsbegriffs in unterschiedliche Bereiche auf die „development education" der 1970er Jahre und den Sprachgebrauch internationaler Organisationen zurück datiert. Die Unterscheidung in formelle, nicht-formelle und informelle Bildung bezog sich zunächst auf Bildungs-, Erziehungs-, und Lernprozesse in Dritte-Welt-Ländern. Dahinter liegt die grundlegende Erkenntnis, dass sich Bildung weder orts- noch zeitgebunden ereignet, nicht auf Schulen begrenzt werden kann und ein lebenslanger, unabschließbarer Prozess („lifelong learning") ist. Die damalige vierte

Unterscheidungsform, „Beiläufige oder inzidentelle Bildung“ (*Sandhaas* 1986, S.400), findet in unserer heutigen Bildungsdebatte keine Anwendung. (Vgl. *Sandhaas* 1986, S. 399ff).

In seiner Streitschrift greift das BJK eben jene Unterteilung von Bildung in formelle, nicht-formelle und informelle Prozesse auf und orientiert sich damit am international stattfindenden Bildungsdiskurs, welcher sich auf die Annahme stützt, dass ganzheitliche Bildung sich im Zusammenspiel dieser drei Formen von Bildung konstituiert. Das BJK fordert an dieser Stelle ein, dass diese in Deutschland aufeinander bezogen und in ihrer Wertigkeit als gleichrangig anerkannt werden. Wie im folgenden Kapitel noch gezeigt wird, scheint sich diese dreiteilige Unterscheidung auch in der inner-sozialpädagogischen Bildungsdiskussion durchgesetzt zu haben und wird deshalb an dieser Stelle genauer erläutert, der 12. KJB trifft lediglich eine Unterscheidung von formellen und informellen Bildungsprozessen. In der Streitschrift des BJK werden diese drei Formen von Bildung folgendermaßen definiert:

> „Unter *formeller Bildung* wird das gesamte hierarchisch strukturierte und zeitlich aufeinander aufbauende Schul-, Ausbildungs-, und Hochschulsystem gefasst, mit weitgehend verpflichtendem Charakter und unvermeidlichen Leistungszertifikaten.
> Unter *nicht-formeller Bildung* ist jede Form organisierter Bildung und Erziehung zu verstehen, die generell freiwilliger Natur ist und Angebotscharakter hat.
> Unter *informeller Bildung* werden ungeplante und nicht-intendierte Bildungsprozesse *verstanden*, die sich im Alltag von Familie, Nachbarschaft, Arbeit und Freizeit ergeben, aber auch fehlen können. Sie sind zugleich unverzichtbare Voraussetzung und „Grundton“, auf dem formelle und nicht-formelle Bildungsprozesse aufbauen.“ (*BJK* 2002, S. 164f)

In Bezug auf das eingangs erwähnte Alltagsverständnis von Bildung weist das BJK im Weiteren ausdrücklich darauf hin, dass um ein ganzheitliches Verständnis von Bildung auch zur praktischen Anwendung bringen zu können, die einzelnen Bereiche von Bildung nicht nur in der Wissenschaft differenziert betrachtet und als Komplementäre verstanden werden dürfen, sondern auch „gesellschaftlich anerkannt und wertgeschätzt werden“ (*BJK* 2002, S. 165) müssen. (Vgl. *BJK* 2002, S. 164f)

Hinsichtlich der bestehenden Diskrepanz zwischen dem alltäglichen und wissenschaftlich theoretischen Verständnis von Bildung scheint es notwendig, dass ein ganzheitliches Verständnis verstärkt auch in die Öffentlichkeit getragen und formuliert wird. Wie bereits in Kapitel 2.3.3 geschildert, kann auch die Offene Kinder- und Jugendarbeit, indem sie sich aktiv in den Diskurs einbringt, ihren Beitrag zum Bildungsgeschehen klar aufzeigt und diesen selbstbewusst in der Öffentlichkeit kommuniziert, die Verankerung eines ganzheitlichen Bildungsverständnisses bestärken und vorantreiben. Vor diesem Hintergrund wird die theoretische Fundierung von Offener Kinder- und Jugendarbeit als Bildungsinstitution im folgenden Kapitel skizziert.

4 Theoretische Fundierung von Bildung in der Offenen Kinder- und Jugendarbeit

Nachdem in Kapitel 2 die Heterogenität des Arbeitsfeldes und die aktuellen Herausforderungen beschrieben wurden und in Kapitel 3 Bildung aus dem historischen Kontext heraus erklärt und das gegenwärtig vorherrschende Alltagsverständnis von Bildung dem wissenschaftlich theoretischen Verständnis von Bildung gegenübergestellt wurde, wird hier im Speziellen auf Bildungsaspekte in den Theorien Offener Kinder- und Jugendarbeit eingegangen. Unter anderem sollen dabei folgende Fragen geklärt werden: Muss ein Bildungsbegriff hier erst neu eingeführt werden oder ist das Selbstverständnis der Offenen Kinder- und Jugendarbeit längst das einer bildenden Institution? Wenn ja, warum werden dann Forderungen an die Offene Kinder- und Jugendarbeit gerichtet, sich dazu klar zu positionieren? Weiß Offene Kinder- und Jugendarbeit vielleicht etwa nicht, dass sie Bildungsleistungen erbringt? Da sich auch hier keine Definition finden lässt, die klar festschreibt, was Bildung in der Offenen Kinder- und Jugendarbeit ist, werde ich die aus ihrer Tradition hervorgegangen Aspekte und einzelne, der in der gegenwärtigen Debatte unter Theoretikern der Sozialpädagogik vertretenen Positionen, genauer beleuchten.

4.1 Die Tradition von Bildung in der Offenen Kinder- und Jugendarbeit

Die Frage danach, was Bildung in der Offenen Kinder- und Jugendarbeit eigentlich ist, wird von Theoretikern als eine Neuentdeckung und Wiederbelebung beschrieben, da Tradition und Theorie der Jugendarbeit selbige schon immer als Bildungsinstitution betrachteten (vgl. z.B. *Lindner* 2003, S. 47; *Sturzenhecker* 2003, S. 300; *Müller* 2006, S. 296).

Es scheint sich allerdings schon länger abgezeichnet zu haben, dass das theoretische und praktische Verständnis von Jugendarbeit nicht übereinstimmen. Schon 1993 fragte Burkhard Müller: „Warum versteckt Jugendarbeit ihren Bildungsanspruch?“ und bemängelte, dass von „Jugend*bildung*“ in der Praxis kaum mehr die Rede sei und nur noch „Jugend*arbeit*“ (*Müller* 1993, S. 310) als feststehender Begriff benutzt werden würde. In einem Rückgriff auf den Ursprung des Bildungsanspruchs der Jugendarbeit skizziert Müller, dass in einem Beschluss des Bundesjugendrings von 1962 Jugendarbeit ihren Bildungsanspruch noch dadurch geltend gemacht hat, dass sie sich als dritte Erziehungsinstanz neben Familie und Schule verstand. Die Konkretisierung dieses Anspruchs erfolgte dann 1964 mit der Schrift „Was ist Jugendarbeit?“ von Hermann Giesecke u.a. Sie grenzten die in der Offenen Kinder- und Jugendarbeit stattfindende Bildung eindeutig von der schulischen Bildung ab und trafen eine Bestimmung dahin gehend, dass bildende Jugendarbeit sich an den Freiheitsbestrebungen der Kinder und Jugendlichen orientiert, diese begleitet und sie in ihrer Emanzipation unterstützt. (Vgl. *Müller* 1993, S. 310ff) Trotzdem sei das Thema Bildung in der Jugendarbeit lange ein randständiges gewesen, da Bildung mit Erziehung und Elite assoziiert worden sei. Beides wollte die Praxis der Jugendarbeit nicht sein und erlegte sich somit eine „selbstdefinierte Bildungsdistanz“ auf (*Müller* 2003, S 235). Als „selbstdefiniert“ beschreibt dies Müller daher, dass die Unterstützung von Selbstbildungsprozessen der Kinder und Jugendlichen auch in allen damaligen Konzepten verankert und Jugendarbeit somit eigentlich bildungsorientiert angelegt war, allerdings in der Praxis nicht als Bildungsinstitution bezeichnet wurde (vgl. Müller 2003, S 236).

Auch Sturzenhecker formuliert hier in Anlehnung an Müller, dass seit den 1990er Jahren die Bildungsorientierung der Jugendarbeit in der Theorie immer wieder aufgegriffen und an aktuelle Herausforderungen angepasst wurde. Er erhebt erneut den Anspruch für die Offene Kinder- und Jugendarbeit, dass selbige außerschulische Bildungsleistungen erbringen würde, fügt aber auch an, dass dieser in der Praxis qualitativ begründet und belegt werden müsse. (Vgl. Sturzenhecker 2003, S. 300f)

Wie schon in Kapitel 2.2.1 beschrieben, prägten in den letzten Jahren andere Aufgaben die Offene Kinder- und Jugendarbeit, und der Bildungsgedanke rückte somit eher in den Hintergrund. Auch – so Sturzenhecker – würde die Praxis der Jugendarbeit der theoretischen Konzeption und den rechtlichen Grundlagen von Jugendarbeit als Bildung oftmals nicht entsprechen. Gründe hierfür seien einerseits Schwierigkeiten der Mitarbeitenden, die strukturelle Offenheit bildungsrelevant auszufüllen und andererseits die Überforderung der Jugendarbeit durch immer neue Aufgaben, die von Politik und Gesellschaft an sie herangetragen werden. Die neue Aufgabenstellung führe bei den Mitarbeitenden zu Unsicherheiten im Umgang mit dem Bildungsauftrag und der Beschreibung von Bildung in ihrem Arbeitsfeld. (Vgl. Sturzenhecker 2004b, S. 147)

Hilmar Peter weist in diesem Zusammenhang darauf hin, dass sich in der Praxis der Jugendarbeit offenbar kein klares Bild davon, was Bildung in diesem Arbeitsfeld bedeutet, herausgebildet hat. Auf die Bildungsfrage angesprochen, würden Praktiker folgende zwei Antworten geben: „Müssen wir uns jetzt auch noch mit Bildung befassen?“ oder „Was ist neu an der Diskussion? Haben wir uns nicht schon immer mit Bildung befasst?“ (*Peter* 2004, S. 51). (Vgl. *Peter* 2004, S. 51)

Nach Ansicht Müllers kann es nur eine Antwort auf diese Frage geben: Bildung ist in der Jugendarbeit angelegt und nicht als zusätzliche Aufgabe zu betrachten.

> „Bildung (oder auch Bildungsmangel) in der Jugendarbeit ist vielmehr das, was die Jugendlichen selbst aus dem machen (keineswegs nur bewusst, möglicherweise erst später), was die Jugendarbeit macht, gestaltet und vermittelt Es ist also ein grobes Missverständnis zu meinen, ‚Bildungsarbeit' sei etwas, was die Jugendarbeit zusätzlich zu ihrem sonstigen Programm [...] *auch noch* machen soll.“ (*Müller* 2006, S. 298)

Gegenwärtig sind viele Ansätze von Theoretikerinnen und Theoretikern der Sozialpädagogik vorhanden, die die Bildungsorientierung der Offenen Kinder- und Jugendarbeit aufgreifen. Ziel ist es zumeist, den der Offenen Kinder- und Jugendarbeit zugrunde liegenden Bildungsauftrag wieder mehr in das Bewusstsein der dort Tätigen zu rücken und eine Verständigung darüber zu erzielen. Da derzeit kein konsensuelles Verständnis von Offener Kinder- und Jugendarbeit als Bildungspraxis vorherrscht, werde ich ausgewählte Ansätze einzelner Theoretikerinnen und Theoretiker im folgenden Unterkapitel vorstellen.

4.2 Ausgewählte Ansätze einzelner Theoretikerinnen und Theoretiker der Sozialpädagogik

Vorab muss an dieser Stelle nochmals darauf hingewiesen werden, dass der Offenen Kinder- und Jugendarbeit qua Gesetz ein Bildungsauftrag obliegt. „Außerschulische Jugendbildung“ ist eine gesetzliche Verpflichtung, die in §11 SGB VIII Absatz 3 Punkt 1 in unterschiedliche Bereiche aufgeteilt ist. Diese sind jedoch nicht als festgelegte Vorgaben zu verstehen, sondern, wie in Kapitel 1.1 schon erwähnt, dienen diese der Orientierung. Vor diesem Hintergrund bemängeln zum Beispiel Lindner und Sturzenhecker, dass die Umsetzung dieses gesetzlichen Auftrages in konkrete Handlungen und deren kritische Reflektion, auch heute noch nicht vollständig geklärt ist (vgl. *Lindner/ Sturzenhecker* 2004, S. 7). Folgerichtig weist Münchmeier vor diesem Hintergrund auf den reichen Theorievorrat der Jugendarbeit hin, dessen unterschiedliche Konzepte miteinander verbunden und von der Offenen Kinder- und Jugendarbeit für die Neuausrichtung ihres Bildungsauftrags nutzbar gemacht werden könnten (vgl. *Münchmeier* 2005, S. 654).

4.2.1 Bildung als „Subjekt-Bildung"

Nach Albert Scherr ist die bildende Aufgabe der Jugendarbeit, an der Lebenswirklichkeit der Adressatinnen und Adressaten, das heißt an den bisher gemachten Erfahrungen, Bedürfnissen und Interessen, anzusetzen. Sie sollen dazu befähigt werden, ein emanzipiertes Leben in Selbstbestimmung führen zu können. Dies bezeichnet er als „Subjekt-Bildung" (*Scherr* 2005, S. 210). Er teilt „Subjekt-Bildung" in vier Dimensionen ein:

- „Subjekt-Werdung" vereint die Entwicklung von Sprache, die Erweiterung des Handlungsspielraums, die Erfahrung der eigenen Wirksamkeit und die Fähigkeit zur Reflexion.
- „Selbstachtung" bedeutet die Herausbildung eines „Selbst(wert)gefühls" aufgrund der Erfahrung von sozialer Anerkennung oder Missachtung.
- „Selbstbewusstsein" meint, sich der eigenen Interessen und Bedürfnisse bewusst zu werden und das eigene Verständnis des Selbst begründen zu können.
- Nicht zuletzt bedeutet „Subjekt-Bildung" auch die Befähigung zu eigenverantwortlichem Handeln in der Auseinandersetzung mit der Gesellschaft, von Scherr als „Selbstbestimmung" bezeichnet. (Vgl. *Scherr* 2005, S. 210ff)

Stephan Sting und Benedikt Sturzenhecker zum Beispiel bezeichnen die „subjektorientierte Jugendarbeit" nach Scherr als die gegenwärtig „elaborierteste Theorie zur emanzipatorischen Bildung in der Jugendarbeit" (*Sting/ Sturzenhecker* 2005, S. 236).

4.2.2 Grunddimensionen von Bildung

Für eine an Bildung orientierte Jugendarbeit können nach Sting und Sturzenhecker die Grunddimensionen der „Geselligkeitsdimension", „biographische Dimension" und „Bewältigungsdimension" ausgemacht werden (Sting/ Sturzenhecker 2005, S. 233):

- Mit der „Geselligkeitsdimension" wird dem Aspekt Rechung getragen, dass Bildung in selbsttätiger Auseinandersetzung mit der Umwelt und in der Beziehung des Einzelnen zu Gemeinschaften stattfindet. Im Falle der Offenen Kinder- und Jugendarbeit setzt sich diese vor allem mit Peergruppen auseinander und versucht, Bildungsgelegenheiten zu ermöglichen. An den Ritualen, die solche Gruppen und Cliquen pflegen, kann die Jugendarbeit wiederum ansetzen und diese als Gelegenheiten zu Bildungsprozessen aufgreifen.

- Die „biographische Dimension" bezieht sich auf die Tatsache, dass Bildung ein lebenslanger Prozess ist, der in Abhängigkeit von der jeweiligen Biographiegeschichte erfolgt. Jugendarbeit hat nach Ansicht der und Autoren die Aufgabe, neue Erfahrungen zu ermöglichen, die Veränderungsprozesse anregen und die die Adressatinnen und Adressaten in ihrer Fähigkeit zur Selbstreflexion unterstützen.
- Da Bildung nicht zuletzt auch die „Bewältigung" – ein nach Lothar Böhnisch geprägter Begriff – sozialer Ungleichheit bedeute und an die jeweiligen Lebensumstände geknüpft sei, schreiben die Autoren der „Bewältigungsdimension" entscheidende Bedeutung für Bildung in der Jugendarbeit zu. Ihre Nutzerinnen und Nutzer sind häufig sozial benachteiligt, womit ein Ziel die Förderung von Selbstbehauptung und politischer Handlungsfähigkeit ist. Dieser Aspekt von Bildung in der offenen Arbeit orientiert sich an einer die aktuelle Lebenssituation übersteigenden Gestaltung des Lebens und meint nicht bloße Bewältigung des Alltags, sondern zielt auf eine Verbesserung ab. (Vgl. *Sting/ Sturzenhecker* 2005, S. 233ff).

4.2.3 „Aneignung" als Bildungskonzept

Ulrich Deinet beschreibt das Aneignungskonzept als auf der Annahme basierend, dass sich die Entwicklung des Menschen aufgrund aktiver Auseinandersetzung mit seiner Umwelt vollzieht. „Die Aneignung der jeweiligen Lebenswelt ist … Bildung des Subjektes im Raum" (*Deinet* 2005, S. 222). Das Individuum setzt sich – so Deinet – aktiv mit Kulturgegenständen und –symbolen, der Mitgestaltung, der Veränderung von Räumen und Gegebenheiten auseinander, um sich in die Gesellschaft zu integrieren. Allerdings ereignet sich dieser Prozess der Aneignung von Raum wechselseitig zwischen Person und Umwelt und ist ganz individuell verschieden, das heißt Aufgenommenes wird nicht automatisch verinnerlicht, sondern individuell verarbeitet. (Vgl. Deinet 2005, S. 220f)

In der Offenen Kinder- und Jugendarbeit geschieht dies durch informelle Bildungsprozesse und kann die Ausbildung zentraler „Schlüsselkompetenzen wie Handlungskompetenz, Risikoabschätzung, Neugier und Offenheit als Dimensionen personaler Kompetenz" ermöglichen, zur Erweiterung des eigenen Handlungsrepertoires beitragen und einen Zugewinn „motorischer, gegenständlicher, kreativer und medialer Kompetenz" bedeuten (*Deinet* 2004, S. 177f). Die Offene Kinder- und Jugendarbeit ermöglicht Subjektbildung durch Aneignung im Raum, indem sie einen Freiraum zur Verfügung stellt, der von den Adressatinnen und Adressaten gestaltet und verändert werden kann. Auch kann sie die Verbindung unterschiedlicher Räume fördern und die Kinder und Jugendlichen bei der Erschließung neuer geographischer Räume unterstützen. (Vgl. *Deinet* 2004, S. 175ff)

4.2.4 Bildung als Befähigung zur Lebenskompetenz

In der neueren Diskussion, die Bildung nicht nur mit Wissens- und Qualifikationserwerb gleichsetzt, wird immer öfter von Bildung als Erwerb von Kompetenzen der Lebensführung gesprochen.

Hilmar Peter sieht beispielsweise die Hauptaufgabe der bildenden Kinder- und Jugendarbeit in der Befähigung ihrer Adressatinnen und Adressaten zur Lebenskompetenz, was die Förderung von Selbsttätigkeit, Emanzipation und Selbstbildung mit sich bringt. Mit Lebenskompetenz wird hier die Förderung von Lebensbewältigung, ein nach Lothar Böhnisch geprägter Begriff, und Lebensführung gemeint (vgl. *Peter* 2004, S. 54f). Gemäß Böhnisch gehen Bildung und Bewältigung Hand in Hand, da Erfahrungen von Bewältigung in Schlüsselfähigkeiten münden müssen, um weitere unsichere Lebenslagen bewältigen zu können (vgl. *Böhnisch* 2005, S.204). Das BJK definiert in seiner Streitschrift Bildung auch als unverzichtbar, da Kinder und Jugendliche durch Bildung „Selbstkompetenz für die alltägliche Lebensbewältigung“ (*BJK* 2002, S. 163) erwerben müssen.

Die Kinder- und Jugendhilfe hat in Anlehnung an Lothar Krappmann hiernach die bildende Aufgabe, ihre Adressatinnen und Adressaten zu einer selbst bestimmten Lebensführung unter den gegebenen gesellschaftlichen Bedingungen zu befähigen, das heißt Orientierung in einer komplexen, heterogenen Gesellschaft zu geben. Beispielsweise fördern seines Erachtens die vielfältigen Angebote der Kinder- und Jugendhilfe die Entscheidungsfähigkeit der Kinder und Jugendlichen, welche eine grundlegende Fähigkeit der Lebensführung in der heutigen Zeit darstellt. (Vgl. *Krappmann* 2002, S. 45)

4.2.5 Bildung in der Offenen Kinder- und Jugendarbeit gemäß der AGOT-NRW

Für die Offene Kinder- und Jugendarbeit hier in Nordrhein-Westfalen ist noch besonders zu erwähnen, dass die Arbeitsgemeinschaft „Haus der offenen Tür“ Nordrhein-Westfalen explizit zu Bildung in der Offenen Kinder- und Jugendarbeit Stellung bezieht. In ihrem Papier „Offene Kinder- und Jugendarbeit – Programm und Positionen“ wird Bildung als „Entfaltung der Persönlichkeit“, „Partizipation", „Emanzipation", „Selbstbildung" und „Werteorientierung" (*AGOT-NRW* 2007, S. 14) beschrieben. Dieses Verständnis von Bildung meint die ganzheitliche Entwicklung der Person auf kognitiver, sozialer, emotionaler und ästhetischer Ebene. Die Aneignung der Welt geschieht durch die kritische Auseinandersetzung der Kinder und Jugendlichen mit sich selbst und der Umwelt. Sie sollen zu einem Leben in Selbstbestimmung befähigt werden. Die durch Lernprozesse zu erwerbenden Kompetenzen müssen von ihnen als sinnvoll und notwendig erlebt werden, damit sie in den eigenen Handlungsrahmen überführt werden können. (Vgl. *AGOT-NRW* 2007, S. 14)

Grundsätzliche Einigkeit bei der Bestimmung von Bildung in der Offenen Kinder- und Jugendarbeit besteht unter den Theoretikerinnen und Theoretikern hinsichtlich der Annahme, dass Bildung ein lebenslanger, unabschließbarer Prozess ist, der sich auch nicht auf bestimmte Inhalte festlegen lässt. Um ganzheitliche Bildung umsetzen zu können, müssen verschiedene Bildungsprozesse, -formen und -settings integriert und miteinander verbunden werden. Offene Kinder- und Jugendarbeit wird dabei vor allem im Bereich der informellen und nicht-formellen Bildung angesiedelt. (Vgl. *Deinet* 2004, S. 178; *Müller* 2004, S. 47, *Sturzenhecker* 2003/ 2004; *Thiersch* 2004, S. 250; Müller/ *Schulz* 2005, S. 10; *Klöver u.a.* 2008, S. 143)

Ebenso wird Bildung in der Offenen Kinder- und Jugendarbeit einstimmig als Selbstbildung aufgefasst, die ein weites Repertoire an unterschiedlichen Möglichkeiten besitzt und nicht durch ein Curriculum begrenzt ist, welches gezielt bestimmten Wissens- und Kompetenzerwerb festlegt. Solch ein Bildungsverständnis, welches auf Selbstwirksamkeit und Aneignung von Welt durch Selbstbestimmung begründet ist, bedeutet auch, dass Bildung nicht erzielt werden kann, sondern Bildungsprozesse lediglich unterstützt und initiiert werden können. Die Aufgabe der Offenen Kinder- und Jugendarbeit wird weder in der Erziehung, noch in der Wissensvermittlung gesehen, vielmehr muss sie den Adressatinnen und Adressaten ermöglichen, Selbstbestimmung erfahren zu können. (Vgl. *Sturzenhecker* 2003, S. 300; *Hornstein* 2004, S. 29; *Deinet/ Sturzenhecker* 2005, S. 14; *Scherr* 2005, S. 12)

Im nächsten Unterkapitel sollen nun konkrete Themen und allgemeine Ziele von Bildungsprozessen in der Offenen Kinder- und Jugendarbeit benannt werden, die von Theoretikerinnen und Theoretikern des Feldes formuliert wurden.

4.3 In der Diskussion formulierte Themen, Anlässe und Ziele von Bildung in der Offenen Kinder- und Jugendarbeit

Zwar lässt sich für die Offene Kinder- und Jugendarbeit kein feststehender Begriff von Bildung formulieren oder gar ein Bildungsplan, mit curricularen Lernzielen, festlegen; jedoch können durchaus Bildungsthemen und Ziele in Form von zu fördernden Kompetenzen benannt werden.

Sturzenhecker identifiziert *zehn Themen*, die Anlass für Bildungsprozesse von Kindern und Jugendlichen sind und in der Jugendarbeit adäquat bedient werden können. Der Wunsch nach eigen verwaltetem *„Raum"* kann von der Jugendarbeit als ein bildungsrelevantes Thema aufgegriffen und bearbeitet werden. *„Konflikte"* bieten Ideale Chancen, die Entwicklung der Kinder und Jugendlichen hin zu Selbstbestimmung und Mitverantwortung für Andere zu fördern. Durch vielfältige Möglichkeiten zur *„Partizipation"* kann in der Jugendarbeit Demokratie erprobt und erfahren, und Verantwortung für sich und die Gesellschaft erlernt werden. In den *„Peer-Gruppen"* finden informelle, soziale Lernprozesse statt, die durch Jugendarbeit positiv begleitet und unterstützt werden können. Durch die Erfahrung in geschlechtshomogenen Gruppen werden Kindern und Jugendlichen Erfahrungsräume in Bezug auf ihre eigene *„Geschlechtsidentität"* angeboten. Das Zusammentreffen unterschiedlicher *„Jugendkulturen"* in offenen Treffs fördert die Toleranz und Verständigung untereinander, was in Anbetracht des Aufwachsens in einer *„Vielkulturengesellschaft"* von besonderer Bedeutung ist. Themen wie Drogen, Sexualität, Gewalt und extreme politische Orientierung werden als so genanntes *„wildes Lernen"* bezeichnet und können in der Jugendarbeit bewusst aufgegriffen und genutzt werden, um mögliche Risiken abzufedern und schon präventiv Wirkung zu entfalten. Die Folgen sozialer Ungleichheit in Form *„Armut und Benachteiligung"* können in diesem Rahmen dadurch abgemildert werden, dass die Mitarbeitenden den Kindern und Jugendlichen durch die Ermöglichung von vertrauensvollen Beziehungen die Chance geben, ein fundamentales Selbstwertgefühl aufzubauen. Ein wichtiges Thema der Jugendarbeit ist auch die *„Schule"*, denn hier hilft sie den Kindern und Jugendlichen, mit Erlebnissen in der Schule umzugehen und zeigt ihnen alternative Handlungsmuster auf. (Vgl. *Sturzenhecker* 2003, S. 304f)

Die AGOT-NRW bestimmt für Bildungsprozesse in der Offenen Kinder- und Jugendarbeit allgemeine Ziele, die durch die Beschäftigung mit gewissen Themen und die Umsetzung von Bildungsgelegenheiten erreicht werden können. In klarer Abgrenzung zu reiner Wissens- und Qualifikationsvermittlung sieht sie die Aufgabe der Offenen Kinder- und Jugendarbeit darin, „personale Kompetenzen" und „soziale Kompetenzen" ebenso wie auch „Kompetenzen für aktuelle Herausforderungen" und „Kompetenzen der Mitgestaltung, Mitbestimmung und

Mitverantwortung" (*AGOT-NRW* 2007, S. 14) bei den Kindern und Jugendlichen zu fördern und zu entwickeln. Bildung in der Offenen Kinder- und Jugendarbeit soll dazu beitragen, Selbstvertrauen und Selbstbewusstsein zu entfalten, sich kritisch mit der Umwelt auseinandersetzen und Verantwortung für sich und für andere übernehmen zu können. Teamfähigkeit, Kompetenzen im Umgang mit neuen Medien, interkulturelle Kompetenzen und Kompetenzen der politischen Mitgestaltung sollen in der Offenen Kinder- und Jugendarbeit erworben werden, um Kinder und Jugendliche für aktuelle Herausforderungen in der Gesellschaft zu stärken. (Vgl. *AGOT-NRW* 2006, S. 14)

Um dieses Verständnis von Bildung in der sozialpädagogischen Theoriediskussion auch in der Praxis realisieren zu können, bedarf es bestimmter Voraussetzungen, auf die im sich anschließenden Kapitel eingegangen wird.

4.4 Voraussetzungen für Bildung in der Offenen Kinder- und Jugendarbeit

Insgesamt wird in der Theoriediskussion gern darauf hingewiesen, dass Offene Kinder- und Jugendarbeit nicht per se und an sich schon Bildung ist, sondern dass es bestimmter Gegebenheiten, Voraussetzungen und theoretischer Vorüberlegungen bedarf, damit Prozesse oder Angebote der Offenen Kinder- und Jugendarbeit als Bildung gelten können.
Müller schreibt diesbezüglich:

> „Nicht alles, was Jugendarbeit macht, ist Bildung. Aber jedes Konzept, das die Frage ‚Wozu Jugendarbeit?' zu beantworten versucht, kann sich nur als explizites oder implizites Bildungskonzept formulieren." (*Müller* 2004, S. 38)

Auch geht er der Annahme, dass es von der Aneignung der Kinder und Jugendlichen und der Wahrnehmung von Bildungsgelegenheiten durch die Mitarbeitenden abhängt, ob Jugendarbeit als Bildungsinstitution betrachtet werden kann. Wenn den Adressatinnen und Adressaten Prozesse der Auseinandersetzung und Veränderung des Selbst ermöglicht werden und sie diese auch annehmen und umsetzen, ist Jugendarbeit seines Erachtens bildend für die Nutzerinnen und Nutzer. (Vgl. *Müller* 2004, S. 38f)

Im Folgenden werden nun Grundbedingungen vorgestellt, die die Basis für erfolgreiche Bildungsprozesse in der Offenen Kinder- und Jugendarbeit sein sollen.

4.4.1 Basisbedingungen als Voraussetzung für Bildungsprozesse

Lindner definiert *sieben Basiskriterien*, die Aufschluss darüber geben können, ob tatsächlich Bildung in der Offenen Kinder- und Jugendarbeit geschieht. *„Freiwilligkeit“, „Motivation/ Interesse/ Spaß“, „‚Arbeit and der Differenz’“, „Anstrengung“, „Pädagogischer Bezug“, „Offenheit/ Experiment“* und *„Reflexion“* (*Lindner* 2005, S. 339) sind – so Lindner – Voraussetzungen für gelingende Bildungsprozesse der Kinder- und Jugendarbeit. Da Bildung sich in diesem Arbeitsfeld nicht an festgesetzten Bildungsplänen orientiere, könne sie nur in *„Freiwilligkeit“* erfolgen. Das wiederum setze voraus, dass es das primäre *„Interesse“* des Kindes oder des Jugendlichen sei, sich in und durch etwas zu bilden. Hier setze Bildung in der Jugendarbeit als *„Arbeit an der Differenz“* an. Nach Lindner muss sie sich von bereits Bekanntem unterscheiden, da Bildung auch durch *„Anstrengung“* und die Überwindung eigener Grenzen erfolgt und nicht nur auf Spaß und Interesse allein begründet ist. Fernerhin ist für dieses Verständnis von Bedeutung, dass Bildung mit der *Reflexions*fähigkeit des Individuums gekoppelt sein muss und erst durch die bewusste kognitive Verarbeitung der gemachten Erfahrung Bildung zustande kommt. Hierbei wird auch in Anlehnung an Müller u.a. (2005) die Bedeutung der *pädagogischen Beziehung* hervorgehoben, da Bildung auch immer durch Anregung geschieht und die Aufgabe des Pädagogen darin besteht, Bildungsgelegenheiten zu erkennen und umzusetzen. Trotzdem ist diesbezüglich ein entscheidendes Kriterium die *„Offenheit“*: „Hier sind Bildungsprozesse zu einem guten Teil Experimente; …“ (*Lindner* 2005, S. 340). Dies bedeutet, dass nicht vorab geplant werden kann was am Ende dabei herauskommen soll, sondern dass auch Prozesse des Scheiterns dazugehören können. (Vgl. *Lindner* 2005, S. 339ff)

Sting und Sturzenhecker bestimmen „das Paradox der Anleitung zur Selbstbestimmung“, die „Anerkennungsmuster Liebe, Recht und Solidarität“, „Jugendarbeit und gesellige Praxis“ und „bildungsherausfordernde Gestaltung des Ortes“ (*Sting/ Sturzenhecker* 2005, S. 237ff) als Basisbedingungen für eine bildende Offene Kinder- und Jugendarbeit. Um die selbständige Entwicklung der Persönlichkeit anzuregen, müsse man größtmögliche Selbständigkeit unterstellen. Die Mitarbeitenden werden von den Autoren dazu aufgefordert, sich permanent zu fragen, wie sie die Autonomie der Kinder und Jugendlichen vergrößern können und wie sie diese nicht durch Sanktionen und pädagogische Begrenzungen erschweren. Darüber hinaus sei soziale Anerkennung eine Grundvoraussetzung dafür, sich als Individuum wertschätzen zu können und Selbstbildung zu erfahren. In Anlehnung an Axel Honneth (1992) greifen Sting und Sturzenhecker *„Liebe, Recht und Solidarität“* als zentrale Erfahrungen des Selbstvertrauens von Individuen auf. *„Liebe“* meint in diesem Zusammenhang die Etablierung einer vertrauensvollen Beziehungsbasis zwischen den Mitarbeiterinnen und Mitarbeitern und den Kindern und Jugendlichen. *„Recht"* impliziert hier die Erfahrung von Gleichberechtigung und *„Solidarität"* meint, soziale Kompetenzen im Zusammensein mit anderen und in der Mitgestaltung des Ortes zu entwickeln. Hieran anknüpfend betonen die Autoren, dass Jugendarbeit auch immer mit Peergruppen zu tun hat und diese der Ausgangspunkt bildungsorientierter Jugendarbeit sind. Nur die Berücksichtigung der Bedeutung der Gruppe für die einzelnen Mitglieder schaffe Zugänge zu den Kindern und Jugendlichen. Zuletzt müssten permanent Gestaltungsmöglichkeiten des Raums und der sozialen Gemeinschaft im Raum bereitgestellt werden. Die Eigenständigkeit der Kinder und Jugendlichen solle in allen Ebenen herausgefordert werden. (Vgl. *Sting/ Sturzenhecker* 2005, S. 237ff)

Im Anschluss werden einige strukturelle Grundvoraussetzungen für Bildungsprozesse in der Offenen Kinder- und Jugendarbeit benannt.

4.4.2 Grundlegende Kompetenzen für Bildungsprozesse

Wie schon in Kapitel 2.2.2 beschrieben, prägen – so Sturzenhecker – „Offenheit, Marginalität und Diskursivität" (*Sturzenhecker* 2005, S. 341) die Offene Kinder- und Jugendarbeit. Dadurch, dass diese durch wenige feste Rahmenbedingungen wie räumliche Gegebenheiten, Personal, Traditionen und Handlungsziele des Trägers bestimmt sei, verlange dies von den Adressatinnen und Adressaten einige grundlegende Kompetenzen ab. Nach Sturzenhecker spielen in der Diskussion um die Zukunftsfähigkeit junger Menschen vor allem „Flexibilität", „Selbstintegration", „Orientierung", „Aneignung", „Differenztoleranz", „Unsicherheitstoleranz", „Spiel und Experiment", „Kompetenz des Aushandelns, Entscheidens und Revidierens", „Kompetenz sozialer Kommunikation" und „Fähigkeit des Aufbaus von sozialen Strukturen" (*Sturzenhecker* 2004a, S. 448) eine entscheidende Rolle. Offene Kinder- und Jugendarbeit kann die Selbstentwicklung und Selbstbildung von Kindern und Jugendlichen fördern und sie bei der Ausbildung oben genannter Kompetenz unterstützen, wenn Offenheit, Freiwilligkeit und Diskursivität die Alltagspraxis bestimmen. Kinder und Jugendliche müssen mit ihrer Umwelt in Auseinandersetzung treten, um alternative Handlungsmodelle erfahren und in der Spiegelung ihres Verhaltens durch andere die Chance erhalten zu können, ihre eigene Reflexionsfähigkeit auszubauen. (Vgl. *Sturzenhecker* 2004a, S. 446ff)

Wie auch unter 4.4.1 schon angedeutet, trägt nicht nur die Struktur des Feldes an sich zu gelingenden Bildungsprozessen bei, sondern auch an die Mitarbeitenden in der Offenen Kinder- und Jugendarbeit werden gewisse Anforderungen gestellt, wenn Bildungsprozesse initiiert, ermöglicht und begleitet werden sollen.

4.4.3 „Wahrnehmen können" – Anforderungen an Mitarbeiterinnen und Mitarbeiter zur Realisierung von Bildungsprozessen

Wie in Kapitel 2.2 zur gegenwärtigen Bestimmung von Bildung schon beschrieben, ist Bildung in Anlehnung an Mollenhauer auch immer ein Prozess der bedingt, dass Bildungsgelegenheiten bereitgehalten werden und die Bildsamkeit des Individuums herausgefordert wird (vgl. *Jungblut* 2008, S. 64ff). Dass dies jedoch nicht bedeutet, dass sich Bildung nur in konkret geplanten, curricular strukturierten Angeboten ereignet, wurde im selbigen Kapitel auch ausführlich erläutert.

So weisen Burkhard Müller, Susanne Schmidt und Marc Schulz in „‚Wahrnehmen können' – Jugendarbeit und informelle Bildung" darauf hin, dass sich Bildungsgelegenheiten in der Jugendarbeit oft nebenher und nicht ausschließlich in „pädagogisch inszenierten, expliziten Bildungsangeboten" (*Müller u.a.* 2005, S. 39), ergeben und daher oftmals nicht auf den ersten Blick als solche zu erkennen sind. In Folge dessen beschreiben sie die Wachsamkeit für das, was Kinder und Jugendliche in der offenen Arbeit machen und womit sie sich in ihrem Umfeld beschäftigen, als eine für die Mitarbeitenden notwendige Grundhaltung, um Bildungsprozesse in der Jugendarbeit fördern zu können. Darüber hinaus hängt die Förderung von Bildungsprozessen durch die Fachkräfte auch davon ab, inwiefern es ihnen gelingt, Situationen mit „ethnographische[m] Blick" (*Müller u.a.* 2005, S. 221) zu betrachten. Wird der Blick dezentralisiert, führt dies dazu, ganz unvoreingenommen die in Situationen liegenden Bildungsgelegenheiten wahrnehmen zu können. Hier bedienen sich die Autorinnen und Autoren einer Weisheit japanischer Zen-Meister: „Man muss sein Ziel vergessen, um es treffen zu können" (*Müller u.a.* 2005, S. 221). Für die Autorinnen und Autoren ist dies eine wichtige Grundhaltung um erfolgreiche Jugendarbeit leisten zu können. (Vgl. *Müller u.a.* 2005, S. 39ff)

Diese Überlegungen aufgreifend schreiben zum Beispiel auch Sturzenhecker und Sting, dass Mitarbeitende der Jugendarbeit verstärkt ihre Aufmerksamkeit darauf lenken müssten, die Bildungsthemen der Kinder und Jugendlichen auch als Bildungsgelegenheiten wahrzunehmen, um Bildungsprozesse von Kindern und Jugendlichen professionell begleiten und fördern zu können (vgl. *Sting/Sturzenhecker* 2005, S. 244).

Nachdem nun unterschiedlichste Ansätze verschiedener Theoretikerinnen und Theoretiker angeführt und erläutert wurden, kann Münchmeiers These (siehe unter Kapitel 4.2, S. 37), dass ein reicher Theorievorrat der Sozialpädagogik das Bildungsverständnis der Offenen Kinder- und Jugendarbeit fundiert, durchaus bestätigt werden. Da sich dieses Kapitel gänzlich mit theoretischen Abhandlungen zu Bildung in der Offenen Kinder- und Jugendarbeit beschäftigte, soll im folgenden Kapitel dargestellt werden, wie die Praxis Offener Kinder- und Jugendarbeit mit dem Bildungsaspekt ihres Arbeitsfeldes derzeit umgeht. Hierzu stelle ich Ergebnisse zweier empirischer Untersuchungen vor, die darüber Aufschluss geben, inwiefern ein Bildungsverständnis die alltägliche Arbeit der Praxis prägt und welche Bildungswirkungen in der praktischen Arbeit zu finden sind. Auch thematisiert wird die Bezugnahme von Praktikern auf vorhandene Theorien und ob die Praxis der Offenen Kinder- und Jugendarbeit diese für sich nutzt.

5 Ergebnisse ausgewählter empirischer Studien zu Bildung in der Offenen Kinder- und Jugendarbeit

In einem Beitrag zur außerschulischen Jugendbildung weisen Christian Lüders und Andrea Behr auf ein grundlegendes Defizit in der Praxis Offener Kinder- und Jugendarbeit hin. Verschiedene Bildungsinhalte seien in der Offenen Kinder- und Jugendarbeit zwar Bestandteil der Praxis, diese würden aber eher beiläufig vermittelt, ohne dass eine spezielle Didaktik darauf ausgerichtet sei, diese Inhalte als Bildung zu begreifen und zu fördern. Bildungsprozesse seien daher für die Beteiligten schwer zu beobachten und auch für die Öffentlichkeit wäre nicht ersichtlich, was an Bildung in der Offenen Kinder- und Jugendarbeit geschieht. (Vgl. *Lüders/Behr* 2002, S. 383)

In der gegenwärtigen Theoriediskussion zeigt sich, dass es ein Anliegen zu sein scheint, Bildungswirkungen der Kinder- und Jugendarbeit sichtbar zu machen und den Blick der Mitarbeitenden für die Realisierung von Bildungsgeschehen zu schulen. Mittlerweile sind bereits empirische Untersuchungen angestellt worden, die Bildungsprozesse in der Kinder- und Jugendarbeit betrachten. Die Ergebnisse der Studie von Burkhard Müller, Susanne Schmidt und Marc Schulz zur Wahrnehmung von Bildungsgelegenheiten und die Untersuchung von Nanine Delmas, Julia Reichert und Albert Scherr zu Bildungswirkungen in der Offenen Kinder- und Jugendarbeit, sind vor allem auch in Hinblick auf die von mir noch zu präsentierende Untersuchung in Münster relevant und werden daher an dieser Stelle vorgestellt.

5.1 „‚Wahrnehmen können' – Jugendarbeit und informelle Bildung"

Die Untersuchung von Müller, Schmidt und Schulz wurde im Zeitraum 2003-2005 in Niedersachsen durchgeführt und vom niedersächsischen Landesjugendamt ermöglicht. Die Veröffentlichung der Ergebnisse erfolgte 2005 mit der Publikation „‚Wahrnehmen können' – Jugendarbeit und informelle Bildung" bei Lambertus. Ein Zwischenbericht von Müller und Schulz findet sich in Deutsche Jugend, 53. Jahrgang 2005, Heft 3.

Hauptziel der von den Autorinnen und Autoren vorgestellten Studie war es, anhand praktischer Beispiele aufzuzeigen, was sich als Gelegenheiten von informeller Bildung in der Jugendarbeit identifizieren lässt und zu untersuchen, inwiefern Mitarbeitende in der Jugendarbeit Bildungsgelegenheiten überhaupt als solche wahrnehmen, um dadurch Selbstbildungsprozesse bei Kindern und Jugendlichen fördern zu können. (Vgl. *Müller u.a.* 2005, S. 7ff)

5.1.1 Zur Methode

An der Untersuchung beteiligten sich sieben verschiedene Einrichtungen der Jugendarbeit, von denen sechs Offene Kinder- und Jugendarbeit anbieten. Fünf Einrichtungen befinden sich in öffentlicher Trägerschaft, von denen drei im ländlichen Raum und zwei im städtischen Bereich angesiedelt sind. Ein Angebot ist eine Kooperation eines freien und eines öffentlichen Trägers in der offenen Arbeit und ein Angebot ist eine Kooperation eines Jugendverbandes und einer Gesamtschule in der Nachmittagsbetreuung.

Untersucht wurden nur Einrichtungen, die sich an der Fragestellung interessiert zeigten. Diese wurden im Projektverlauf jeweils über einen Zeitraum von meist zwei Wochen besucht. Die Datenerhebung erfolgte mittels teilnehmender Beobachtung und qualitativer, nicht-standardisierter Experteninterviews mit Mitarbeiterinnen und Mitarbeitern. Bei der anschließenden Auswertung anhand von Textanalysen wurde gemäß der „grounded theory" nach Strauss vorgegangen, jedoch weisen die Forschenden darauf hin, dass die Auswertung des so erhobenen Materials nicht ganz eng an wissenschaftlich anerkannte Auswertungsverfahren angelehnt wurde.

Folgende leitende Grundannahmen bildeten die Basis für die Untersuchung:

- Bildungschancen in der Jugendarbeit finden nicht nur in gezielt geplanten Projekten oder Angeboten statt, sondern ereignen sich in der alltäglichen Auseinandersetzung der Kinder und Jugendlichen untereinander und mit den Fachkräften, sofern diese das Alltägliche als Bildungsgelegenheit wahrnehmen und fördern.
- Des Weiteren findet Bildung nicht nur in Form geplanter und durchdachter Projekte statt. Hier gilt es, „bildungsfördernde Interventionen" (Angebotspädagogik) und „bildungsfördernde Antworten" (Situationspädagogik) als komplementär zu betrachten, denn Jugendarbeit kann durch beide Bildungsprozesse anregen und fördern (vgl. *Müller u.a.* 2005, S. 50).
- Zuletzt müssen Angebote und Ziele von Bildungsprozessen in der Jugendarbeit als zusammenhängend betrachtet werden, da Bildungschancen sich gleichzeitig auf mehreren Ebenen ergeben. Die Annahme, dass ein Angebot eine bestimmte Bildungswirkung hervorruft, gilt für die Kinder- und Jugendarbeit nicht.

Anhand von sieben Kategorien, die die Untersuchenden aus den erhobenen Daten herausbildeten, beschreiben sie in der Jugendarbeit angelegte, informelle Bildungschancen. Das Forscherteam zieht für jede Kategorie Beispiele aus den transkribierten Interviews heran und interpretiert diese entsprechend. (Vgl. *Müller u.a.* 2005, S. 36ff)

5.1.2 Zentrale Ergebnisse der Untersuchung

Anhand ihrer Untersuchung konnten die Autorinnen und Autoren sieben Ergebnisse identifizieren:

> „Jugendarbeit als Lernort für differenzierte Beziehungsformen", „Jugendarbeit als Erprobungsraum für geschlechtliche Identität", „Jugendarbeit als Ort interkultureller Erfahrungen", „Jugendarbeit als Aneignungsort für Kompetenzen", „Jugendarbeit als Ort der Erprobung von Verantwortungsübernahme und Ehrenamtlichkeit" und „Jugendarbeit als Ort ästhetischer Selbstinszenierung" (*Müller u.a.* 2005, S. 60ff).

Für die in Kapitel 6 noch vorzustellende in Münster durchgeführte Untersuchung, ist vor allem das siebte Ergebnis von besonderer Relevanz: Die Forschenden beschreiben, wie sie immer wieder erleben, dass für sie oben genannte, offensichtliche Bildungsgelegenheiten von den Mitarbeiterinnen und Mitarbeitern nicht wahrgenommen und umgesetzt werden. Ihrer Ansicht nach lassen sich in der Arbeit viele „verpasste Gelegenheiten" finden, die auf unzureichende Wahrnehmung, ein einseitiges Verständnis der Pädagogen hinsichtlich ihrer Aufgabe und „Über-Pädagogisierung", zurückzuführen sind. (Vgl. *Müller u.a.* 2005, S. 60ff)

5.1.3 „Konsequenzen für den Bildungsauftrag der Jugendarbeit"

Ausgehend von den Ergebnissen ihrer Untersuchung formulierten Müller, Schmidt und Schulz „Konsequenzen für den Bildungsauftrag der Jugendarbeit" (*Müller u.a.* 2005, S. 56) in der praktischen Umsetzung. Zunächst weisen sie ausdrücklich darauf hin, dass die Bedeutung des Angebots einer Jugendeinrichtung in bildender Hinsicht, stark abhängig von der jeweiligen Nutzung der Adressatinnen und Adressaten und deren biographischer Erfahrung ist. Für die Kinder und Jugendlichen sei Jugendarbeit zunächst eine Möglichkeit, ihre Freizeit zu gestalten. In der Konsequenz liege es hier in der Verantwortung der Pädagogen, Bildungspotenziale genau zu erkennen und zu fördern. Dies sei die Grundlage, um Bildungsprozesse der Kinder- und Jugendlichen überhaupt begleiten und fördern zu können. Die „Angebotspädagogik" sei zunächst die Basis, auf der eine „Situationspädagogik" (*Müller u.a* 2005, S.50) aufbauen müsse. Die Kompetenz von Mitarbeitenden, situativ auf Bildungschancen antworten zu können, hat nach Ansicht der Forscherinnen und Forscher in jedem Fall Priorität gegenüber dem Vermögen, adäquate Angebote bereitzuhalten. Jugendarbeit müsse bezüglich der Relevanz ihres Angebots für Bildung offen sein und könne Ziele nicht vorab festlegen. Auch könne sie als ein besonderer Lebensort beschrieben werden, dessen Bildungschancen und –wirkungen nicht in Einzelteile aufgeteilt werden können. Jugendarbeit sei ein Spielfeld und Schonraum für die Erprobung neuer Verhaltensweisen und die Austestung von Grenzen, ohne gravierende Sanktionen befürchten zu müssen. Gleichzeitig sei Jugendarbeit aber auch mit dem wahren Leben konfrontiert. Die Chancen dieses besonderen Feldes zu nutzen, ist den Untersuchenden zufolge die größte Herausforderung einer bildungsorientierten Jugendarbeit und sie fordern die Mitarbeitenden in der Offenen Kinder- und Jugendarbeit zunächst auf, ihre Beobachtungs- und Wahrnehmungsfähigkeit zu schulen. (Vgl. *Müller u.a.* 2005, S. 56ff) Um diese Fähigkeiten der Wahrnehmung und Beobachtung im praktischen Alltag schulen zu können, haben die Autorinnen und Autoren im Anhang Übungen und Hilfsfragen zusammengestellt, die als Anregungen zur Förderung der Beobachtungsfähigkeit von Mitarbeitenden des Feldes hinzugezogen werden können (siehe Müller u.a. 2005, S. 224ff).

Im folgenden Unterkapitel wird eine Untersuchung vorgestellt, die gezielt die Bildungswirkungen Offener Kinder- und Jugendarbeit untersuchte.

5.2 „Bildungsprozesse in der Jugendarbeit – Evaluation von Praxiseinrichtungen der Jugendarbeit"

Die Studie von Delmas, Reichert und Scherr wurde im Rahmen der „Offensive Jugendbildung in Baden-Württemberg 2003-2004" durchgeführt. Die Ergebnisse wurden von der Akademie der Jugendarbeit in Baden-Württemberg e.V. herausgegeben und in „Jugendarbeit ist Bildung! Die Offensive Jugendbildung in Baden-Württemberg 2003-2004. Materialien: Berichte, Expertisen, empirische Studien" publiziert. Eine Kurzvorstellung der Untersuchung von Delmas und Scherr findet sich in deutsche Jugend, 53. Jahrgang 2005, Heft 3.

Die für die Untersuchung leitende Forschungsfrage war, „ob und inwiefern ein Bildungsanspruch … für die Praxis der Jugendarbeit relevant ist" (*Delmas/ Scherr* 2005, S. 105). Es sollte untersucht werden, ob die Praxis der Jugendarbeit die rechtliche und fachwissenschaftliche Vorgabe von Jugendarbeit als Bildungsarbeit, die sich an den Bedürfnissen und Interessen der Jugendlichen ausrichtet, umsetzt; wie Jugendarbeit Bildung in der Praxis konzeptionell bestimmt wird und welche Folgen sich daraus für die praktische Arbeit ergeben (vgl. *Delmas u.a.* 2004, S. 88f).

5.2.1 Zur Methode

Das Forscherteam bestand aus vier KreisjugendreferentInnen mit einiger praktischer Erfahrung, die durch Delmas (LJA Baden), Scherr (PH Freiburg) und Reichert (Akademie der Jugendarbeit BaWü) inhaltlich und fachlich begleitet wurden. Es lag in der Zuständigkeit des Forscherteams, die Auswahl der zu untersuchenden Projekte zu treffen und das Untersuchungsdesign zu bestimmen.

Anhand eines explorativen Vorgehens wurden Bildungsmöglichkeiten der Jugendarbeit in ihrer Vielfalt untersucht. Auch sollten der Praxis neue Anregungen zur Umsetzung des Bildungsauftrags mit an die Hand gegeben werden. Ziel war es, nur Einrichtungen zu untersuchen, die als Good-Practice-Beispiele gelten konnten. Somit wurden aufgrund ihrer Bewerbung gezielt diejenigen ausgewählt, die ihrem Selbstverständnis nach einen wichtigen Beitrag für die Realisierung von informellen und nicht-formellen Bildungsprozessen leisteten. Ein drittes Anliegen war es, Selbstevaluation voranzutreiben und Instrumente zu entwickeln, die die Wahrnehmung solcher Bildungsgelegenheiten und deren Umsetzung schärfen. Insgesamt wurden sieben Einrichtungen ausgewählt, wobei auch darauf geachtet wurde, eine Vielfalt von Formen der Jugendarbeit zu repräsentieren. Es wurden sowohl kleine als auch große und ländliche wie städtische Einrichtungen in die Betrachtung miteinbezogen. Vier offene Jugendtreffs, ein kulturelles Projekt, verbandliche Jugendarbeit und eine kirchliche Einrichtung wurden untersucht.

Zunächst wurden die Konzeptionen und die dort vorgestellten Angebote analysiert. Im Anschluss daran wurden den Einrichtungen vier aktuelle Texte zum Thema Jugendarbeit und Bildung, zur Vorbereitung auf die Befragung, zugesandt. In leitfadengestützten Interviews sollten hauptamtliche Mitarbeiterinnen und Mitarbeiter informelle und nicht-formelle Bildungsprozesse in der Arbeit mit Jugendlichen beschreiben. Folgende Fragen sollten beispielsweise darüber Aufschluss geben: „Können Sie uns zunächst einmal beschreiben, welche Anregungen und Lerngelegenheiten es in dieser Einrichtung gibt? Wenn Sie die Stammbesucher der Einrichtungen in den Blick nehmen, was glauben Sie, was die hier im Idealfall lernen können? Ist Bildung für Sie ein Begriff, der für ihr Selbstverständnis als Jugendarbeiter/-in wichtig ist?“ (*Delmas u.a.* 2004, S. 89).

In leitfadengestützten Interviews mit jugendlichen Besuchern sollte herausgefunden werden, ob diese die Jugendarbeit als Ermöglichung von Lernprozessen erleben. Beispiele für Fragen des Leitfragebogens: „Kannst du mir mal erzählen, welche Erfahrungen du hier gemacht hast? Was machst du hier am liebsten? Was für Angebote gibt es? Der bzw. die Hauptamtliche hat gesagt, dass dich ... besonders interessiert? Was machst du dabei gerne? Was nicht? Hast du hier auch schon was gelernt?“ (*Delmas u.a.* 2004, S. 90). (Vgl. Delmas u.a. 2004, S. 86ff)

Da es den Rahmen dieser Arbeit sprengen würde, habe ich nur wenige Beispiele aus den Leitfragebögen benannt und werde nun direkt zur Ergebnisdarstellung übergehen.

5.2.2 Zentrale Ergebnisse der Untersuchung

Insgesamt ist es nicht gelungen, Good-Practice-Beispiele vorzustellen, da die Untersuchung zeigt, dass Jugendarbeit anscheinend, abgesehen von Projekten und Seminaren, nicht über eine „theoretisch fundierte, konzeptionell ausgewiesene und professionell gestaltete Bildungspraxis verfügt“ (*Delmas u.a.* 2004, S. 91). Jedoch kann anhand der Studie gezeigt werden, dass die Strukturen der Jugendarbeit Grundlage für Bildungsgelegenheiten und deren Wahrnehmung und Gestaltung sind. Die Autorinnen und Autoren kristallisierten aus ihrer Untersuchung elf Ergebnisse heraus, von denen ich an dieser Stelle nur diejenigen zusammenfasse, die auch für die in Kapitel 6 vorzustellende Untersuchung in Münster von Bedeutung sind:

- Der Begriff Bildung wird von den Untersuchten hauptsächlich als Sammelbegriff für unterschiedliche Lernprozesse und Themenfelder verwendet. Es ist im professionellen Diskurs davon auszugehen, dass die Praxis der Jugendarbeit nicht über einen Bildungsbegriff verfügt, der sich als Grundlage des Diskurses eignet.
- Die Konzeptionen beziehen sich nicht auf einschlägige Theorien der Jugendarbeit oder Sozialpädagogik, stattdessen wird eine Vielzahl von Modellen benannt. Ein Konsens über die diffuse Auffassung von Jugendarbeit als Persönlichkeitsbildung hinaus kann nicht aufgezeigt werden.
- Es wird deutlich, dass Theorie und Praxis sich hier in Distanz zueinander entwickeln.
- Hauptamtliche beschreiben konkrete Projekte und Aktionen als Lernprozesse ermöglichend, Konflikte und Begegnungen werden hingegen kaum als solche erkannt und genutzt.

- Möglichkeiten der Mitbestimmung und des Demokratielernens werden wenig umgesetzt. Auch sind Ambitionen der Praxis der Jugendarbeit, die sozialpolitische Diskussion mitzubestimmen, kaum zu erkennen. Das Selbstverständnis der Hauptamtlichen schließt nicht mit ein, dass es ihr Aufgabe ist, Bildungsprozesse anzuregen und zu fördern. (Vgl. *Delmas u.a.* 2004, S. 91ff)

„Zusammenfassend ist festzustellen, dass Jugendarbeit ihre Bildungspotentiale gegenwärtig keineswegs ausschöpft“ (*Delmas u.a.* 2004, S. 93). Insgesamt zeigen die Autorinnen und Autoren auf, dass Bildungschancen, die sich im Alltag der Praxis nebenher ergeben, von wenigen hauptamtlichen Kräften erkannt und genutzt werden und diese sich der Bildungsorientierung ihrer Jugendarbeit größtenteils nicht bewusst sind und somit auch nicht genügend Anregungen gegeben werden. Bei einigen Befragten ist sogar ein Bildungsverständnis auszumachen, welches Bildung als im klassischen Erzieher-Zögling-Verhältnis stattfindend betrachtet, in welchem der Lehrer den Schülerinnen und Schülern etwas beibringt. (Vgl. *Delmas u.a.* 2004, S. 103)

5.2.3 Handlungsempfehlungen

Im gemeinsamen Gespräch von Forscherteam und Befragten wurden folgende Handlungsempfehlungen für die Praxis Offener Kinder- und Jugendarbeit und für politische Entscheidungsträger herausgearbeitet:

Zunächst solle in Hinblick auf den aktuellen Stand der Bildungsdiskussion, eine gemeinsame Kommunikationsgrundlage innerhalb der Jugendarbeit ausgearbeitet werden, die eine Begriffsklärung und eine genaue Festschreibung des eigenen Bildungsauftrags zum Ziel hat. Die Weiterentwicklung der Bildungspraxis könne dann über regionale, trägerübergreifende Netzwerkarbeit und Fortbildung im Team gewährleistet werden. Eine weitere Qualifizierung der Fachkräfte könne über die Beratung des Teams in der alltäglichen Arbeit erfolgen. Die Überwindung der Distanz von Theorie und Praxis sei nur durch enge Zusammenarbeit möglich, daher sollten Fachwissenschaftler in den Netzwerken mitwirken und eine externe Begleitung der Praxis sicherstellen. Im Gegenzug sei es auch Aufgabe der Praxis, sich mit der Fachwissenschaft aktiv auseinanderzusetzen. Sie dürfe nicht eine Abwehr von aller Theorie praktizieren, sondern die Beschäftigung mit der Theorie müsse zur Selbstverständlichkeit der praktischen Arbeit werden. Dies bedeute aber auch, dass den Praktikern hierfür genügend Ressourcen zur Verfügung gestellt werden und Theoriearbeit selbstverständlich als integraler Bestandteil des Berufes anerkannt werde. In der Praxis Tätige müssten dabei unterstützt werden, alltäglich Bildungsgelegenheiten wahrnehmen und ausgestalten zu können. Um Bildungsprozesse zu veranschaulichen und zu reflektieren, sollten auch noch geeignete Methoden entwickelt und Good-Practice-Beispiele beschrieben werden. Nach Ansicht aller Beteiligten könnten verstärkte Kooperationen von Einrichtungen der Jugendarbeit und die Anregung von und Einbringung in örtlich bestehende Bildungslandschaften helfen, Jugendarbeit als Bildungsinstitution in der öffentlichen Wahrnehmung zu verankern. Diese Prozesse könnten Dachverbände und Landesorganisationen auf lokaler Ebene unterstützen, doch nicht zuletzt liege die Verantwortung hierfür auch bei den in der Praxis Tätigen, die ihre Aufgabe zunächst als bildungsanregend verstehen und sich für die Umsetzung dessen sozialpolitisch stark machen müssen. Zwingende Voraussetzung sei dafür auch die finanzielle Anerkennung auf der politischen Ebene. Jugendarbeit müsse finanziell auf eine sichere Grundlage gestellt werden und es müsse anerkannt werden, dass eine professionelle Bildungsarbeit eine entsprechende Infrastruktur und qualifizierte Mitarbeiterinnen und Mitarbeiter voraussetzt. Der Bildungsauftrag der Jugendarbeit müsse als Kernaufgabe anerkannt werden. Die an den Handlungsempfehlungen Beteiligten stellen hier auch fest, dass die Jugendarbeit nicht ständig mit neuen Aufgaben überschüttet werden darf, die die Erfüllung ihrer Hauptaufgabe gefährden. (vgl. *Delmas u.a.* 2004, S. 103ff)

Vor diesem Hintergrund scheint es immer noch unablässig, dass die Praxis Offener Kinder- und Jugendarbeit sich darüber austauscht und aufzeigt, welches Verständnis von Bildung sie vertritt, wie sie sich zur durch PISA angeregten Bildungsdebatte positioniert und welche Bildungswirkungen in ihr angelegt sind.

Im Folgenden Kapitel stelle ich daher die in Münster durchgeführte Untersuchung vor, die zum Ziel hatte, Aufschluss darüber zu gewinnen, ob die Ergebnisse der in diesem Kapitel vorgestellten Untersuchungen auch für Münster Gültigkeit besitzen, oder ob durch eine Untersuchung hier vor Ort andere Erkenntnisse gewonnen werden.

6 Untersuchung in Münster zu Bildung in der Praxis Offener Kinder- und Jugendarbeit

Die genannten Entwicklungen im bundesrepublikanischen Bildungssystem mit der Einbeziehung der Jugendhilfe in den Diskurs, haben – wie in Kapitel 2 eingehend beleuchtet – auch spezielle Anforderungen an die Offene Kinder- und Jugendarbeit mit sich gebracht. Weiterhin haben empirische Untersuchungen Hinweise darauf gegeben, dass die Praxis und die theoretische Konzeption der Offenen Kinder- und Jugendarbeit als Bildungsarbeit sich nicht gemeinsam zu entwickeln scheinen. Dieser Aspekt und die eigene Erfahrung während meines Praxissemesters in einem Jugendzentrum in Oslo (Norwegen), führten mich zu der Fragestellung, inwiefern die Praxis der Offenen Kinder- und Jugendarbeit in Münster sich zu ihrem gesetzlichen Bildungsauftrag und zur stattfindenden Bildungsdebatte positioniert und inwiefern bei den Praktikerinnen und Praktikern ein gemeinsamer Begriff von Bildung bezüglich Offener Kinder- und Jugendarbeit auszumachen ist. Wie in Kapitel 5 dargestellt, liegen erste empirische Untersuchungen zu Bildungswirkungen und zum Bildungsverständnis in der Praxis der Offenen Kinder- und Jugendarbeit zwar vor, diese sind aber nicht in Nordrhein-Westfalen durchgeführt worden und aufgrund der Differenziertheit des Feldes und der unterschiedlichen Voraussetzungen durch die Ländergesetzgebung, können die Ergebnisse nicht ohne weiteres übertragen werden. Dies führte in der Folge zu der Überlegung, eine eigene Untersuchung anzustellen, deren genaues Vorgehen und deren Ergebnisse ich hier vorstellen werde.

6.1 Zum Forschungsdesign

Grundsätzlich unterscheidet man in der Sozialforschung quantitative und qualitative Methoden voneinander. Siegfried Lamnek beschreibt diese Unterschiede folgendermaßen: Quantitative Methoden sind von naturwissenschaftlichen Grundannahmen geleitet und gehen davon aus, dass eine objektiv zu beobachtende Welt existiert und Regelmäßigkeiten und Kausalitäten strukturiert und regelgeleitet aufgedeckt werden können. Anhand standardisierter Erhebungsinstrumente und einer relativ großen, repräsentativen Zufallsstichprobe, werden deduktiv Theorien und Hypothesen überprüft. Auch wird der Forschungsgegenstand – der Mensch – als Objekt, „als pure[r] Datenlieferant[]" (*Lamnek* 2005,

S. 14), betrachtet. In der qualitativen Forschung wird die Methode dem Forschungsgegenstand angepasst und ist abhängig vom Erkenntnisinteresse. Offenheit ist die Grundhaltung gegenüber der Subjektivität des zu untersuchenden Forschungsgegenstandes, der Situation der Erhebung und der Anwendung der Methode. Die Methode sollte jederzeit flexibel an den Gegenstand der Untersuchung angepasst und reflektiert eingesetzt werden. Leitende Grundannahme ist, vom Besonderen (dem Einzelfall), induktiv auf das Allgemeine schließen zu können. Hier werden Theorien und Hypothesen also nur bedingt getestet, sondern erst erhoben. Dies bedeutet jedoch nicht, dass der Forschende ohne jegliches Vorwissen in die Untersuchung geht. Wichtig ist hierbei, stets offen für neue Erkenntnisse zu sein und eigene Voranahmen aufgrund neu gewonnener Erkenntnis über Bord werfen zu können. Wichtigstes Mittel der qualitativen Sozialforschung ist die Kommunikation. Die Erhebung erfolgt in einem Kommunikationsprozess, einem aktiven Interaktionsprozess zwischen Forschendem und Befragtem. Zuletzt gilt es, die Erhebung nachvollziehbar zu machen. indem der Forschende alle unternommenen Schritte expliziert. (Vgl. *Lamnek* 2005, S. 3ff)

Generell gilt es noch zwischen Längsschnittstudien, die einen Prozess untersuchen und Querschnittstudien, die eine Momentaufnahme darstellen, zu unterscheiden. Längsschnittstudien ziehen sich oft über mehrere Jahre hin und in regelmäßigen Abschnitten werden dieselben Personen befragt oder bekommen einen Fragebogen zugesendet. (Vgl. *Schaffer* 2009, S. 61f)

Da es sich bei meiner Fragestellung um die Untersuchung eines relativ neuen Forschungsgebietes handelt, lassen sich die zu untersuchenden Aspekte schwer über ein standardisiertes Instrument erheben und somit entschied ich mich für ein Verfahren der qualitativen Sozialforschung. Darüber hinaus habe ich mich im Weiteren für eine Querschnittuntersuchung entschieden, da das Ziel dieser Untersuchung war, den Ist-Stand bezüglich der Positionierung der Praxis Offener Kinder- und Jugendarbeit zum Thema Bildung zu erschließen.

Nachdem die Entscheidung für ein qualitatives Vorgehen getroffen wurde, gilt es das Design der Forschung auszuwählen. Philip Mayring unterscheidet hier die fünf Typen der „Einzelfallanalyse“, „Dokumentenanalyse“, „Handlungsforschung“, „Feldforschung“, „das qualitative Experiment“ und die „qualitative Evaluationsforschung“ (*Mayring* 2002, S. 40) voneinander. Für die hier durchgeführte Untersuchung wurde das Forschungsdesign der Feldforschung gewählt, welche den Untersuchungsgegenstand in seiner natürlichen Umgebung belässt und sich in dessen Alltagswirklichkeit begibt. Zunächst wird die Fragestellung der Untersuchung präzisiert und dann wird der Kontakt zum Feld hergestellt. Die Erhebung des Materials erfolgt direkt vor Ort, im Sozialraum der Befragten. Innerhalb der unterschiedlichen Forschungsdesigns können dann verschiedene

Verfahren zur Erhebung des Materials herangezogen werden. Zum Beispiel besteht die Möglichkeit, zwischen verschiedenen Interviewverfahren zu wählen, eine Gruppendiskussion durchzuführen oder anhand teilnehmender Beobachtung Material zu erheben. (Vgl. *Mayring* 2002, S. 40ff)

6.1.1 Zielbestimmung und Gegenstandsbeschreibung

Wie bereits eingangs benannt, sollte das Ziel dieser Untersuchung sein, Aufschluss über das Verständnis von Bildung in der Praxis der Offenen Kinder- und Jugendarbeit und die Positionierung zur stattfindenden Bildungsdebatte, zu gewinnen. Da Theoretiker der Sozialpädagogik in ihren Ausführungen immer wieder darauf hinweisen, dass ein Problem darin zu liegen scheint, dass Praktiker der Offenen Kinder- und Jugendarbeit sich der möglichen Bildungswirkungen des Feldes nicht bewusst sind und sich in der Praxis kein konkretes Bild davon, was Bildung in der Offenen Kinder- und Jugendarbeit ist, finden lässt, sollten Praktiker konkret hierzu Stellung nehmen und zu ihrem Bildungsverständnis im Feld der Offenen Kinder- und Jugendarbeit befragt werden. Den Kern der Untersuchung bildeten beispielsweise folgende Fragen: Inwiefern hat die in Wissenschaft und Theorie der Sozialpädagogik geführte Bildungsdebatte Auswirkungen auf die Praxis? Wie positioniert sich die Praxis gegenüber der stattfindenden Bildungsdebatte? Bringt sie sich aktiv in die Debatte ein und bestimmt den Diskurs mit? Wie wird Bildung in der Praxis Offener Kinder- und Jugendarbeit aufgefasst und umgesetzt? Kann in der Praxis der Offenen Kinder- und Jugendarbeit mittlerweile eine einheitliche Auffassung von Bildung aufgezeigt werden und ist ihr Selbstverständnis derweil das einer Bildungsinstitution? Inwiefern gehen Praxis und Theorie hier Hand in Hand oder entwickeln sich unterschiedlich? Gleicht oder ähnelt die Bildungsbestimmung der Praxis den gegenwärtigen Theoriebestimmungen? Wodurch kann Offene Kinder- und Jugendarbeit ihr Profil stärken und ihre Arbeit legitimieren? Wie sieht sie ihre Zukunft in Hinblick auf die Veränderungen im Bildungswesen und vor allem in Bezug auf die verstärkte Kooperation von Jugendhilfe und Schule?

6.1.2 Leitfadeninterviews

Im Rahmen meiner Untersuchung habe ich mich beim Erhebungsinstrument für das leitfadengestützte Interview entschieden, welches eine Mischform standardisierter und nicht-standardisierter Verfahren ist (vgl. *Lamnek* 2005, S. 334ff). Uwe Flick notiert diesbezüglich, dass aufgrund der Befragung anhand eines

Leitfadens die Vergleichbarkeit der erhobenen Daten erhöht wird. Die auch als „teilstandardisiertes Interview“ bezeichnete Form der Befragung ist dadurch gekennzeichnet, dass der zu Interviewende mit relativ offen formulierten Fragen konfrontiert wird und die Reihenfolge der Fragen flexibel der Gesprächssituation angepasst wird. In der konkreten Durchführung des Leitfadeninterviews wird zwar flexibel vorgegangen, gleichzeitig können aber auch gezielt bestimmte Fragestellungen abgedeckt werden und der Interviewende entscheidet im Gesprächsverlauf situativ, wann welche Frage angemessen ist, diese eventuell schon beantwortet wurde und ob er nochmals genauer nachhaken möchte. (Vgl. *Flick* 2006, S. 143f)

Entsprechend des oben dargestellten Erkenntnisinteresses gliedert sich der Leitfragebogen meiner Untersuchung in folgende Bereiche:

- Fragen zum Verständnis der Befragten von Bildung, bezogen auf ihr Arbeitsfeld
- Fragen zur Positionierung der Mitarbeitenden gegenüber den wissenschaftlichen und theoretischen Forderungen, die in Hinblick auf die Bildungsdebatte an die Offene Kinder- und Jugendarbeit gerichtet werden
- Fragen zur Einschätzung der Zukunft Offener Kinder- und Jugendarbeit in Hinblick auf die Neugestaltung des Bildungswesens
- Fragen zur Kooperation von Jugendhilfe und Schule

Die einzelnen Fragen der jeweiligen Fragenkomplexe können im Detail in Anlage I* nachgelesen werden.

6.1.3 Sampling der Befragten

Nachdem die Entscheidung auf das Erhebungsinstrument des Interviews gefallen ist, müssen die zu Interviewenden Personen, das Sample, bestimmt werden. Lamnek definiert diese Stichprobe folgendermaßen: „Herausgegriffene Teilmenge von Personen bzw. Untersuchungsobjekten, von der man auf die Gesamtmenge bzw. die darin herrschende Merkmalsverteilung schließen kann“ (*Lamnek* 2005, S. 733). Die Sampleauswahl wird so getroffen, dass der Gegenstand in den Ergebnissen der erhobenen Daten möglichst widergespiegelt wird. Aufgrund des bereits vorgestellten Erkenntnisinteresses der Untersuchung, habe ich mich für eine Expertenbefragung entschieden. In Anlehnung an das Verfahren des Experteninterviews nach Michael Meuser und Ulrike Nagel gilt, dass die Expertin oder der Experte nicht als Inhaber von professionellem Sonderwissen gilt, sondern dass die zu befragende Person im Kontext des Erkenntnisinteresses Expertin

* Über das OnlinePlus Angebot des VS Verlags können Sie die Anlage einsehen: www.vs-verlag.de/buch/978-3-531-18284-1.

oder Experte aufgrund beruflicher Erfahrung oder persönlicher Betroffenheit ist. Dieser Status ist also ein Relativer, ein vom Forschenden festgelegter. Als individuelle Persönlichkeit nehmen Expertinnen und Experten in diesem Verfahren eine randständige Stellung ein, da die Information, die die Expertin oder der Experte zu einem bestimmten Thema geben kann, im Vordergrund steht. (Vgl. Meuser/ Nagel 2002, S. 73ff)

Hinsichtlich meines Forschungsinteresses erschien es mir naheliegend, hauptamtliche Fachkräfte, die Offene Kinder- und Jugendtreffs leiten und auch eine fachlich einschlägige Ausbildung vorweisen, als Experten zu befragen, da diese unmittelbar – und mehr als Nebenamtliche – mit der durch PISA losgetretenen Bildungsdebatte und den damit verknüpften Anforderungen an die Praxis Offener Kinder- und Jugendarbeit, konfrontiert wurden. Ein zweites Kriterium für die Auswahl der Befragten war die Absicht, ein möglichst breites Spektrum an Trägern abzudecken. Somit wurden sowohl Leitungen Offener Kinder- und Jugendtreffs in öffentlich städtischer (4), als auch in kirchlicher (2) und freier Trägerschaft (1) von mir kontaktiert. Der Zugang zum Feld konnte recht unkompliziert über telefonische Kontaktaufnahme hergestellt werden und alle Kontaktierten standen dem Vorhaben und dem Thema sehr offen gegenüber. Somit wurden insgesamt 7 Personen befragt, welche alle ein Studium der Sozialpädagogik, Sozialarbeit oder Sozialen Arbeit, absolviert haben.

6.1.4 Ablauf der Befragung

Alle Interviews wurden von mir im Dezember 2008 durchgeführt und bewegten sich in einem Zeitrahmen zwischen 14 und 35 Minuten, die durchschnittliche Dauer lag bei 22 Minuten. Die Befragungen wurden vor Ort, in den Räumlichkeiten der Offenen Kinder- und Jugendeinrichtungen durchgeführt und bis auf Eines fanden auch alle in den Büros der Fachkräfte statt. Den Befragten wurde meinerseits eine Datenschutzerklärung ausgehändigt, in welcher ich versicherte, die Informationen vertraulich zu behandeln und persönliche Informationen zu anonymisieren. Die Interviews wurden per Aufnahmegerät digitalisiert und anschließend transkribiert. Da für das Thema non-verbale Aspekte, die Benutzung von Füllwörtern und dialektabhängige Sprachbesonderheiten der Interviewten nicht von Bedeutung sind, habe ich die Interviews in „normales Schriftdeutsch" (*Mayring* 2002, S. 91) übersetzt. Die transkribierten Interviews sind in Gänze in Anlage II* nachzulesen.

Insgesamt erlebte ich die Atmosphäre in den einzelnen Interviews als sehr angenehm und die Interviewten als dem Thema gegenüber sehr aufgeschlossen.

* Über das OnlinePlus Angebot des VS Verlags können Sie die Anlage einsehen: www.vs-verlag.de/buch/978-3-531-18284-1.

6.1.5 Codierung und Auswertung

Die Wahl des Auswertungsverfahrens hängt letztendlich vom Erhebungsinstrument und dem zu analysierenden Material ab. Die von mir durchgeführten und transkribierten Interviews habe ich in Anlehnung an das Verfahren der strukturierenden, qualitativen Inhaltsanalyse nach Philip Mayring ausgewertet. Bei der qualitativen Inhaltsanalyse wird das Material systematisch analysiert und so die Fülle an Material auf das für das Erkenntnisinteresse Wesentliche reduziert. Ebenso wird das Verfahren der qualitativen Inhaltsanalyse nach Mayring in die drei Grundformen der Zusammenfassung, Explikation und Strukturierung eingeteilt. Ziel der strukturierenden Inhaltsanalyse ist es, aus dem Material bestimmte Strukturen oder Typen herauszufiltern. Anhand des Dreischritts der Definition von Kategorien (Codes), der Auswahl von Ankerbeispielen aus dem Text und der Formulierung von Kodierregeln, wird das gesamte Textmaterial durchgegangen und aufgearbeitet. (Vgl. *Mayring* 2002, S. 114ff) Zuletzt werden die Ergebnisse dann, bezogen auf das Erkenntnisinteresse, interpretiert (vgl. *Lamnek* 2005, S. 528).

Bei diesem streng regelgeleiteten Auswertungsverfahren der strukturierenden Inhaltsanalyse muss trotzdem darauf hingewiesen werden, dass eine subjektive Färbung durch den Forschenden nicht gänzlich ausgeschlossen werden kann, da dieser für die Bestimmung der Kategorien zuständig ist. Im Idealfall erfolgt die Auswertung daher immer im Team. Auch durch die strenge Regelgeleitetheit des Verfahrens soll die Gefahr der subjektiven Färbung minimiert werden. Insgesamt muss aber betont werden, dass qualitative Verfahren auch nicht den Anspruch totaler Repräsentativität erheben, sondern das Spektrum möglicher Antworten und Typen zu einem Thema aufzeigen wollen. Im Rahmen dieses Forschungsvorhabens lag die Auswertung des erhobenen Materials allein bei mir, jedoch wurde meinerseits sehr darauf geachtet, die Regeln des strukturierenden inhaltsanalytischen Verfahrens einzuhalten. Die für die Analyse des Materials von mir gebildeten Kategorien entsprechen weitestgehend den schon vorgestellten Fragekategorien und dem Leitfragebogen. Die Ergebnisdarstellung erfolgt nun dieser Strukturierung folgend, von mir diesbezüglich festgelegte Codes und zugehörige Ankerbeispiele finden sich in Anlage III wieder.

6.2 Ergebnisse

6.2.1 Bildung in der Offenen Kinder und Jugendarbeit

Wie bereits in Kapitel 6.1.2 erläutert, sollte im Rahmen dieser Untersuchung das Verständnis der Befragten von Bildung bezogen auf ihr Arbeitsfeld ermittelt werden. Zunächst wird die in diesem Zusammenhang seitens der Befragten geäußerte Auffassung von der allgemeinen Aufgabe Offener Kinder- und Jugendarbeit erläutert, bevor dann in 1.2-1.6 dezidiert auf den Bildungsaspekt und Äußerungen in diesem Kontext, eingegangen wird.

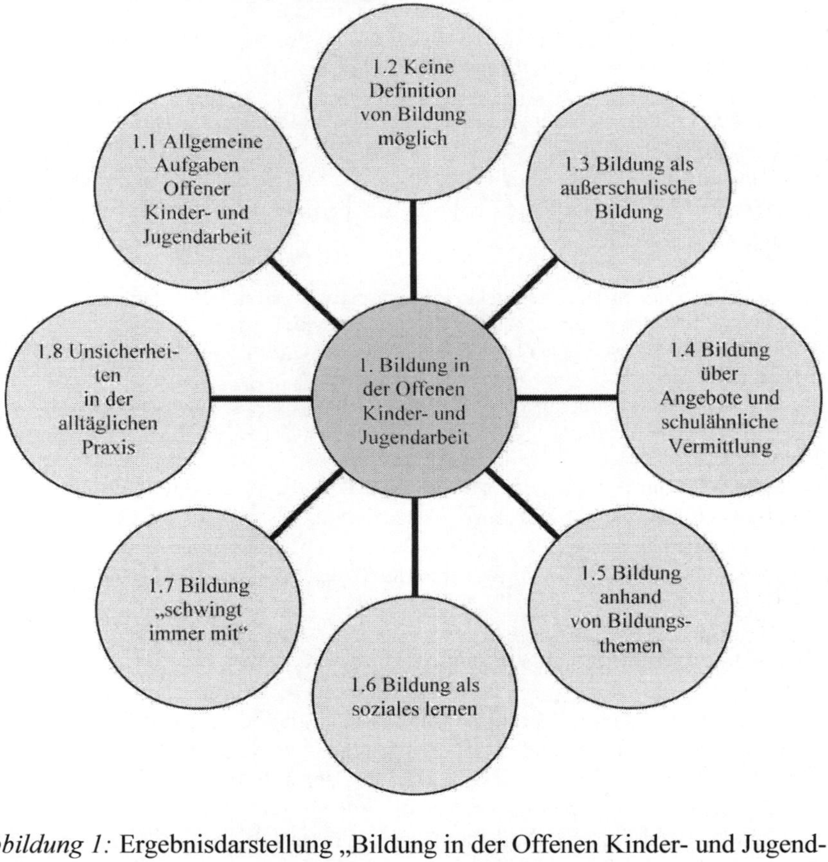

Abbildung 1: Ergebnisdarstellung „Bildung in der Offenen Kinder- und Jugendarbeit“

6.2.1.1 Allgemeine Aufgaben Offener Kinder- und Jugendarbeit

Die Interviewten sehen die Aufgabe der Offenen Kinder- und Jugendarbeit vorwiegend darin, Kindern und Jugendlichen erstmal einen Raum anzubieten, an welchem sie sich aufhalten können. Nach Ansicht der Befragten ist Offene Kinder- und Jugendarbeit eine wichtige, dritte Sozialisationsinstanz neben Familie und Schule, in welcher vor allem das Prinzip der Freiwilligkeit von den Befragten als riesige Chance angesehen wird.

In folgender Interviewpassage kommt das Prinzip des Raums als Aufgabe Offener Kinder- und Jugendarbeit ausdrücklich zur Sprache:

> „... und da geht es erstmal irgendwie darum, im Prinzip erstmal denen einen Raum zu geben, damit sie hier sein können." (Int.1, 2)

Die Aufgabe Offener Kinder- und Jugendarbeit wird von den Befragten unisono als Ergänzung zu familiären und schulischen Aufgaben betrachtet. Die Befragten sehen ihre Aufgabe darin, ebenso wie Familie und Schule die Kinder- und Jugendlichen auf ein selbständiges Leben vorzubereiten und sie dabei in ihrer Entwicklung zu begleiten.

> „Bei uns in der offenen Jugendarbeit geht es im Wesentlichen darum, junge Menschen zu fördern, junge Menschen stark zu machen. [...] da sind wir ein ganz wichtiges, ergänzendes Angebot zu Sozialisationsinstanzen wie Familie und Schule." (Int.4, 1/2)
> „... ich denke die Aufgabe einer Jugendeinrichtung ist, die Jugendlichen aufs Leben vorzubereiten." (Int.6, 3)

Besonders wird der Aspekt der Freiwilligkeit von allen Befragten betont und vielfach als entscheidende Ressource beschrieben.

> „Dieser Aspekt der Freiwilligkeit spielt hier auch wirklich wieder eine große Rolle und ist ganz klar von Vorteil." (Int.7, 3)

6.2.1.2 Keine Definition von Bildung möglich

Grundsätzlich sind sich die Befragten einig darin, dass es eine konkrete Definition von dem, was Bildung in der Offenen Kinder- und Jugendarbeit ist, nicht gibt und auch nicht geben kann. Sie erläutern im Verlauf der Interviews aber, dass man sehr wohl Bildungsthemen und bestimmte Aspekte von Bildung in der Offenen Kinder- und Jugendarbeit beschreiben kann und dass Bildung im Alltag der Arbeit genereller Bestandteil ist.

> „Diesen ganz klassischen Bildungsbegriff, so wie es ihn in der Schule gibt oder wie man ihn auch irgendwie kennt, glaube ich gibt es in der Offenen Kinder- und Jugendarbeit nicht. Ich glaube, dass viel mehr im zwischenmenschlichen, gemeinschaftlichen Tun passiert, ganz viel in der Aktion von Kindern und Jugendlichen. Ich finde, diesen festen Bildungsbegriff zu definieren, das klappt irgendwie bei uns nicht. Man kann Bildungsthemen definieren, finde ich.“ (Int.1, 1)

6.2.1.3 Bildung als außerschulische Bildung

Alle Befragten beschreiben Bildung in der Offenen Kinder- und Jugendarbeit als vorwiegend außerschulische Bildung, die anders umgesetzt wird und die sich nicht rein an Wissens- und Qualifikationsvermittlung orientiert, sondern überwiegend Förderung von Kompetenzen zum Ziel hat.

> „Hebt sich meiner Meinung nach erstmal ganz klar von schulischer Bildung ab. Gerade im offenen Bereich. Da sieht man vielleicht Bildung im Kontext von Kompetenzen, die sich eher auf soziale Komponenten beziehen und nicht nur immer auf Bildungsinhalte, also auf klassische Bildungsinhalte.“ (Int.3, 1)

Auch in der folgenden Interviewpassage wird konkret darauf hingewiesen, dass Bildung in der Offenen Kinder- und Jugendarbeit anders als in Schule vermittelt wird und eher auf spielerische Art und Weise erfolgt.

> „…so dieses spielerische Lernen. […] Das ist so die Art, wie wir versuchen, mit Themen umzugehen, wo wir Themen an die Jugendlichen ran bringen und da versuchen, auf eine andere Art und Weise als in der Schule Sachen näher zu bringen.“ (Int.7, 1)

Ein weiterer Aspekt dieser außerschulischen Bildung ist nach Meinung der Befragten der, dass Kompetenzen vermittelt werden, die in der Schule nicht in dem Maße vermittelt werden können.

> „Also, bei uns geht es im Wesentlichen um die Vermittlung von Schlüsselkompetenzen, um die Vermittlung von sozialen Kompetenzen im Umgang miteinander. Einüben, wie ich es vorhin schon gesagt habe, von Toleranz, von Respekt vor anderen Menschen. Sachen, für die in Schulen derzeit auch wenig Raum ist.“ (Int.4, 2)

6.2.1.4 Bildung über Angebote und schulähnliche Vermittlung

Nichtsdestoweniger verbindet der Großteil der Befragten Bildung in der Offenen Kinder- und Jugendarbeit auch mit Angeboten und schulähnlicher Vermittlung von Inhalten. Es zeigt sich hier, dass es leichter zu sein scheint, Bildungswirkungen in der Vermittlung von Inhalten und in konkreten Angeboten als solche zu erkennen.

> „Dann kann ich hier für mich noch nennen, dass wir hier ein ganz breites Kursprogramm haben, was ja viel klarer in Richtung Bildung im klassischen Sinne, nenne ich es jetzt mal, ausgerichtet ist. Da geht es wirklich auch darum, englisch zu lernen, oder nähen zu lernen, oder lernen, ein Fahrrad fertig zu machen." (Int.3, 1)

Eine Befragte weist auch deutlich auf die Problematik hin, dass Bildung in Form von Angeboten viel klarer als solche erkannt und definiert wird, als Bildungsprozesse, die sich im Alltagsgeschehen der Offenen Kinder- und Jugendarbeit ereignen.

> „Klar, es gibt natürlich Angebote, die wir haben, …. Und deswegen findet da auf jeden Fall eher Bildung statt. Da sagt jeder so: ‚Ah ja, das ist Bildung, das ist so und da können wir was mit anfangen, da passiert Bildung.'" (Int.1, 1)

Dennoch unterscheiden die Befragten ganz klar diese Art schulähnlicher Bildungsvermittlung von Schule, da die Kinder und Jugendlichen freiwillig daran teilnehmen und nicht dazu verpflichtet sind.

> „Also wenn ein Lehrer eine Unterrichtsstunde von 45 min organisiert, vorbereitet und mit Inhalten füllt, so machen wir das in dem Sinne auch, mit dem kleinen feinen Unterschied, dass wir natürlich dann auch mit der Komm- und Geh-Struktur leben. Das heißt also, es ist kein verpflichtendes Bildungsangebot und zielt eher auf die Jugendlichen ab, die aus sich heraus gerne mehr erfahren möchten, …." (Int.5, 1)

6.2.1.5 Bildung anhand von Bildungsthemen

Überwiegend wird Bildung von den Befragten als durch die Arbeit an bestimmten Themen stattfindend beschrieben. Sie benennen, dass die Themenfindung im direkten Kontakt mit den Kindern und Jugendlichen erfolgt und benennen auch konkrete Themen, die im Alltagsbetrieb dann bearbeitetet werden.

> „Genau, also es gibt ein Buch, das heißt „Wahrnehmen können", … und das geht ja eigentlich von einem anderen Ansatz aus. Nach dem Motto, wir definieren keine Bildungsthemen, sondern wir gehen in die Einrichtungen rein und gucken, was die Themen der Kinder und Jugendlichen sind und was da passiert." (Int.1, 4)
> „Themen für die Bildungsarbeit sind alltägliche Themen, die die Lebenswelt der Jugendlichen betreffen." (Int.7, 1)

> „Bildung in Bezug auf meine Arbeit ist einfach die Möglichkeit und Notwendigkeit, auch im außerschulischen Bereich mit Jugendlichen zusammen an bestimmten, jugendrelevanten Themen zu arbeiten ....“ (Int.5, 1)

Nach Ansicht der Interviewten bestimmen folgende Themen den Alltag der Kinder und Jugendlichen mit und finden somit Eingang in den Alltag der Offenen Kinder- und Jugendarbeit:

> „Die ergeben sich aus so Alltagssituationen heraus, das sind häufig viele Konfliktthemen oder noch mal Gemeinschaft erleben. In der Richtung ist das viel. Sozialkompetenz erlernen, so was, das ist sehr viel im informellen Bereich, das passiert.“ (Int.1, 1)
> „Sei es Konfliktfähigkeit, die Persönlichkeit herausarbeiten, selbständiges arbeiten, Selbstbewusstsein, aber natürlich auch themenbezogen.“ (Int.3, 1)

6.2.1.6 Bildung als soziales Lernen

Ein weiterer wichtiger Aspekt ist nach Meinung der Interviewten, dass Bildung in der Offenen Kinder- und Jugendarbeit informelles und soziales Lernen bedeutet. Hier gilt die Einübung von Sozialverhalten im Kontakt mit anderen überwiegend als ein wichtiges, bildendes Moment Offener Kinder- und Jugendarbeit.

Ein Befragter beschreibt den grundlegenden Bildungsaspekt der Offenen Kinder- und Jugendarbeit darin:

> „Inhalte zu vermitteln, die sich natürlich schwerpunktmäßig dann mit dem Sozialverhalten der Jugendlichen etwas mehr definieren, als mit der Allgemeinbildung.“ (Int.5, 1)

Weiterhin wird dieses soziale Lernen als nicht intendiert, sondern im Miteinander der Kinder und Jugendlichen stattfindend, beschrieben.

> „Ich glaube, dass Bildung auch ganz viel im Miteinander, untereinander passiert. Also diese informelle Bildung, dass die sich gegenseitig Hörner abstoßen. Zum Beispiel: Wie werden Entscheidungen gefällt, was sie jetzt machen und solche Geschichten. [...] Da finden meines Erachtens auch die mit wichtigsten Bildungsprozesse statt.“ (Int.1, 1)

6.2.1.7 Bildung „schwingt immer mit“

Die Befragten sind überwiegend der Meinung, dass Bildung in ihrer täglichen Arbeit eigentlich immer automatisch mitschwingt und fester Bestandteil ist. Auch werden in diesem Zusammenhang konkrete, alltägliche Situationen, die bildende Gelegenheiten in der Offenen Kinder- und Jugendarbeit bieten, benannt.

> „Und im Grunde genommen schwingt einfach in unserer Arbeit der Bildungsaspekt natürlich auch immer mit, finde ich." (Int.5, 8)
> „Im Jugendtreff an sich sind es andere Bildungsinhalte, da geht es dann oft einfach um lebenspraktische Alltagsbildung. [...] Bildung im offenen Bereich findet schon in ganz vielen Sachen statt, sei es, dass sie was in der Schule erleben und dass sie noch mal nachfragen, Referate machen, irgendwelche Plakate machen oder lebenspraktische Dinge lernen. Wie fülle ich eine Überweisung aus, wenn es dann ansteht? Wie eröffne ich ein Konto? [...] Das sind ja alles so Bildungsdinger." (Int.2, 1/3)

Ein Befragter hebt in diesem Zusammenhang hervor, dass sich Lernprozesse in der offenen Arbeit von selbst ergeben, indem die Kinder und Jugendlichen die Einrichtung für sich entdecken und erobern und dabei Lernprozesse stattfinden.

> „Also Bildung in der offenen Jugendarbeit, ..., ist ein Prozess, der einen Lernraum, sprich die Jugendeinrichtung bedingt und bedingt, dass jeder Jahrgang die Jugendeinrichtung wieder selber erobern kann, also sich selber in alle Bereiche einarbeitet. Dabei finden dann automatisch Lernprozesse statt." (Int.6, 1)

6.2.1.8 Unsicherheiten in der alltäglichen Praxis

Obgleich die Befragten viele Aspekte von Bildung in der Offenen Kinder- und Jugendarbeit benannt haben, ist auch eine gewisse Unsicherheit bezüglich dessen, was speziell Bildung in der Offenen Kinder- und Jugendarbeit genau ist, in den meisten Interviews deutlich zum Vorschein gekommen.

> „Wie ich ja vorhin schon sagte, Jugendbildung, ist generell schwer zu definieren. Bildung an sich, da werden ganze Hörsäle gefüllt oder Wissenschaftler streiten sich. Was ist denn jetzt Bildung, wo fängt Bildung an, wo hört sie auf? [...] Aber wie gesagt, ich bin mir manchmal nicht ganz sicher, ob eine reine Definition von Bildung für die Offene Kinder- und Jugendarbeit überhaupt möglich ist, weil ja auch ganz viel bildende Aspekte im Alltag geschehen." (Int.5, 8)
> „Das wird relativ schwierig sein, die Themen direkt zu benennen und das Charakteristische von Bildung in der offenen Arbeit klar zu formulieren." (Int.1, 4)

Eine der Befragten weist vor diesem Hintergrund auch explizit darauf hin, dass ein Problem darin zu bestehen scheint, dass die Offenen Kinder und Jugendarbeit ihre Bildungswirkung nicht nach Außen transportiert und in der Außenwirkung offene Arbeit auch nicht als Bildungsinstitution wahrgenommen wird, sondern nur als Freizeiteinrichtung angesehen wird.

> „Ich glaube, oft ist es in der offenen Arbeit so, dass das stattfindet, aber nicht immer unbedingt schriftlich festgehalten ist und dann nach Außen getragen wird, sondern dass das in dem System drin bleibt. Bei Schule ist es ganz klar, dass da Bildung stattfindet. Offene Jugendarbeit verbinden viele damit: Da haben die Leute Spaß." (Int.2, 3)

Auch Widersprüchlichkeiten in den eigenen Aussagen weisen auf eine offensichtliche Unsicherheit der Interviewten im Umgang mit Bildung in der Offenen Kinder- und Jugendarbeit hin.

Dies wird vor allem in folgender Interviewpassage deutlich, in welcher der Interviewte zunächst den Bildungsbezug der offenen Arbeit relativiert, indem er sagt, dass:

> „… die Arbeitsinhalte doch eher in anderen Schwerpunktbereichen liegen. Das ist dann eher das reine Angebot Kommunikation, Begegnung. Bildung ist eher ein geringerer Teil unserer gesamten Arbeit." (Int.5, 3)

An späterer Stelle beschreibt der Befragte dann:

> „Und im Grunde genommen schwingt einfach in unserer Arbeit der Bildungsaspekt natürlich auch immer mit, finde ich." (Int.5, 8)

Zusammenfassend lässt sich feststellen, dass eine grundsätzliche Einigkeit bei den Interviewten dahingehend besteht, dass sie für Bildung in der Offenen Kinder- und Jugendarbeit eine feste Definition ausschließen und sie diese fundamental von schulischer Bildung unterscheiden. Darüber hinausgehend kann aber für die Praxis der Offenen Kinder- und Jugendarbeit in Münster derzeit kein gemeinsames Verständnis von Bildung oder ein einheitlicher Bildungsbegriff festgestellt werden, der als Grundlage der offenen Arbeit betrachtet werden kann. Vielmehr lässt sich aus den Antworten der Befragten erkennen, dass ein eher unbestimmtes Bildungsverständnis vertreten wird und noch viele Unsicherheiten darüber, was Bildung in der offenen Arbeit letztendlich ist, bestehen. Dies zeigt sich unter anderem auch darin, dass seitens der Interviewten kaum einschlägige Autorinnen und Autoren oder Beiträge zum Thema zitiert werden. Darüber hinaus werden auch keine spezifischen Methoden genannt, die beschreiben, wie Bildungsprozesse in der Offenen Kinder- und Jugendarbeit angeregt werden können.

6.2.2 Positionierung der Befragten gegenüber der stattfindenden Bildungsdebatte

Hinsichtlich der seit PISA begonnenen Bildungsdebatte sind sich die Interviewten überwiegend einig darin, dass Bildung kein prinzipiell neues Thema für die Offene Kinder- und Jugendarbeit ist. Auch sind sie grundsätzlich der Ansicht, dass sich die Offene Kinder- und Jugendarbeit in die Debatte einbringen, sich diesbezüglich auch verändern und umdenken sollte.

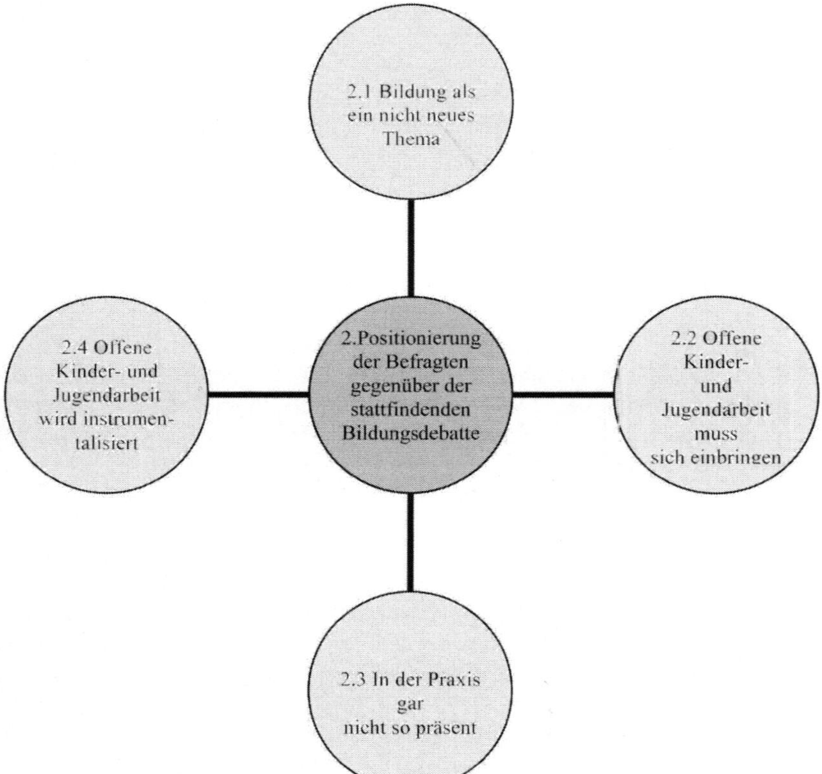

Abbildung 2: Ergebnisdarstellung „Positionierung der Befragten gegenüber der stattfindenden Bildungsdebatte“

6.2.2.1 Bildung als ein nicht neues Thema

Die Interviewten beschreiben vielfach, dass dieses Thema für die Offene Kinder- und Jugendarbeit kein Neues ist, sondern in regelmäßigen Abständen auch wieder aktuell wird. Sie beschreiben, dass Bildung nicht erst seit der PISA-Studie Thema Offener Kinder- und Jugendarbeit ist und diese schon lange Bildungsarbeit leistet.

> „Es ist allerdings mit den Bildungsthemen wie mit allen anderen Themen auch. Es gibt immer gesellschaftliche Themen, die immer an der Offenen Kinder- und Jugendarbeit vorbeiziehen." (Int.1, 3)

In folgenden Interviewpassagen kommt zum Ausdruck, dass Bildung schon lange fester Bestandteil der Offenen Kinder- und Jugendarbeit ist.

> „Ich denke, dass die offene Jugendarbeit schon länger Bildungsarbeit macht. Also, dass es nicht gerade neu ist, …" (Int.2, 3)
> „Wenn jetzt im Rahmen der PISA Studie die Politik auf einmal findet, dass die offene Jugendarbeit da die Kohlen aus dem Feuer holen soll, macht mich das ein bisschen böse. Es ist auf jeden Fall seit Jahrzehnten selbstverständlich, dass Bildung in diesem Bereich mit dazu gehört." (Int.4, 2)

6.2.2.2 Offene Kinder- und Jugendarbeit muss sich einbringen

Größtenteils stimmen die Interviewten darin überein, dass sich die Offene Kinder- und Jugendarbeit in die Bildungsdebatte einbringen und auch ihre Sicht vertreten muss. Danach gefragt, inwiefern denn die Offene Kinder- und Jugendarbeit ihre Position und ihre Sicht auf Bildung stärken könnte, antworten Befragte folgendermaßen:

> „Die Offene Kinder- und Jugendarbeit soll und muss immer Position dazu beziehen. Das auf jeden Fall. Und ich denke, dass das auch wichtig und richtig ist, vor allen Dingen gerade, weil es ja auch immer das Thema „Jugendarbeit soll mit Schule kooperieren", gibt. […] Von daher glaube ich schon, dass die Offene Kinder- und Jugendarbeit das noch mal auf jeden Fall formulieren müsste, wobei es glaube ich sehr schwierig ist, das zu formulieren." (Int.1, 3/4)
> „Ich glaube, dass wir uns schon klar positionieren können. Wir können schon deutlich machen, dass die offene Jugendarbeit sich klar abgrenzen muss von schulischer Bildungsarbeit, …." (Int.5, 3)

Einer der Befragten äußert diesbezüglich auch, dass eine politische Mitwirkung dazu beitragen kann, das Bildungsverständnis Offener Kinder- und Jugendarbeit nach außen zu transportieren.

> „Aber es ist schon so, dass wir politisch aktiv sind und da auch in den Gremien ganz klar diesen Bildungsaspekt mehr als früher noch, wo er einfach so selbstverständlich mitlief, vor dem Hintergrund der PISA-Studie auch als politisches Argument einsetzen und vielleicht auch zum Teil dieser besondere Bildungsaspekt, den wir haben, bewusster wird." (Int.6, 3)

Weiterhin benennt eine Interviewpartnerin diesbezüglich, wie wichtig es ist, dass die Bildungsarbeit auch konzeptionell verankert wird und somit nach außen hin aufgezeigt wird, dass in der Offenen Kinder- und Jugendarbeit Bildung stattfindet.

> „Dafür müsste das in den Konzepten stehen, also dass offene Jugendtreffs, und bei uns steht es auch drin, einen Bildungsauftrag haben. Und die sich auch ausgestalten, in welchen Bereichen die sind. Aber das müsste natürlich auch nach Außen getragen werden." (Int.2, 3)

6.2.2.3 In der Praxis gar nicht so präsent

Wichtig ist in diesem Zusammenhang auch die Aussage eines Interviewten, die darauf hindeutet, dass die in Wissenschaft, Theorie und Politik geführte Bildungsdebatte nicht bei allen Praktikern präsent ist.

> „Wenn ich ganz klar die Situation mal widerspiegele, muss ich sagen, dass die [Bildungsdebatte, d. Verf.] gar nicht so an mich ran getragen wird. Man kriegt jetzt nicht von Vorgesetzten oder so deutliche Zeichen, die besagen: ‚Verändert euch, bewegt euch öffnet eure Horizonte, wir müssen da breit gefächerter aufgestellt sein' oder wie auch immer." (Int.5, 3)

6.2.2.4 Offene Kinder- und Jugendarbeit wird instrumentalisiert

Eine besondere Position eines Befragten muss an dieser Stelle auch erwähnt werden, da diese eine andere mögliche Sichtweise auf die Gesamtdebatte aufzeigt. Der Interviewpartner sieht in der Bildungsdebatte eine Instrumentalisierung der Offenen Kinder- und Jugendarbeit, die letztlich für andere Zwecke eingespannt werden soll. Insgesamt betrachtet er diese Debatte nicht als Chance, die die Offene Kinder- und Jugendarbeit für sich nutzen kann.

> „Im Zuge dieser Bildungsdebatte hat die Politik versucht, das zu kannibalisieren, zu beseitigen in NRW. Da haben sich alle Jugendeinrichtungen mit Recht gegen ge-

> wehrt. Deswegen finde ich diese ganze Bildungsdebatte, ich mag die nicht. Ich halte das für ein ziemliches Verbrechen an der Jugend.“ (Int.6, 5)

Insgesamt wird deutlich, dass die Befragten betonen, dass das Thema Bildung in der Offenen Kinder- und Jugendarbeit kein Neues ist, sondern gegenwärtig einfach wieder Konjunktur hat. Auch sind sich die Befragten einig darin, dass Offene Kinder- und Jugendarbeit schon lange Bildungsarbeit leistet. Generell wird eine Beteiligung der Offenen Kinder- und Jugendarbeit in der Bildungsdebatte auch als notwendig erachtet und als Chance beschrieben, der eigenen Arbeit Legitimität zu verleihen. Befragte äußern vor diesem Hintergrund nämlich auch, dass die Bildungswirkungen der Offenen Kinder- und Jugendarbeit nach Außen hin nicht sichtbar zu sein scheinen und die offene Arbeit da ihren Anteil leisten muss, diese sichtbar zu machen. Nichtsdestoweniger wird auch hier deutlich, dass sich die Befragten teilweise unsicher sind, inwiefern Bildungswirkungen der Arbeit überhaupt aufgezeigt werden können und sie Position beziehen können. Die Ideen, wie Bildungswirkungen nach Außen aufgezeigt werden können bleiben, abgesehen von der Überlegung einer Befragten, den Bildungsauftrag auch konzeptionell zu verankern, vage. Auch die Art und Weise der Beteiligung in der Debatte wird, mit einer Ausnahme, nicht weiter konkretisiert.

Die Aussage eines Befragten, der darauf hinweist, dass die Debatte ihm gar nicht so präsent ist, und die eines Anderen, der die Debatte als negativ für die Offene Kinder- und Jugendarbeit auffasst, deuten darauf hin, dass die Debatte eventuell noch nicht ausreichend in die Offene Kinder- und Jugendarbeit hineingetragen wurde.

6.2.3 Zukunft der Offenen Kinder- und Jugendarbeit in Hinblick auf die Neuausrichtung des Bildungswesens

Insgesamt betonen die Befragten vielfach, dass es für die Entwicklung von Kindern und Jugendlichen von entscheidender Bedeutung ist, dass diese auch unterschiedliche Räumlichkeiten kennen lernen und auch mit unterschiedlichen Regeln an diesen Orten konfrontiert werden. Überwiegend plädieren sie für den Erhalt der Institution Offener Kinder- und Jugendarbeit, gehen der Annahme, dass Offene Kinder- und Jugendarbeit auch grundsätzlich eine Chance hat, bestehen zu können und können sich beispielsweise ein Aufgehen in der Ganztagsschule, nicht vorstellen. Auch wird seitens der Befragten an dieser Stelle betont, dass sich die Offene Kinder- und Jugendarbeit verändern muss.

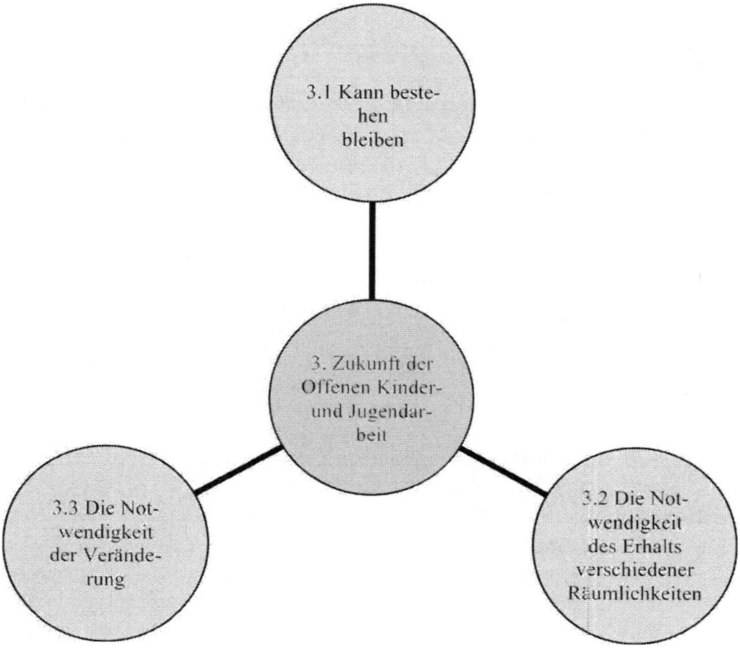

Abbildung 3: Ergebnisdarstellung „Zukunft der Offenen Kinder- und Jugendarbeit"

6.2.3.1 Kann bestehen bleiben

Die Befragten benennen überwiegend, dass die Zeit der Offenen Kinder- und Jugendarbeit nicht vorbei ist und diese auf Grundsätzen basiert, die ein grundsätzliches Bestehen legitimieren.

> „Ich glaube, eine gut funktionierende Offene Kinder- und Jugendarbeit mit den Grundsätzen, die sie hat, hat auch eine Chance grundsätzlich zu überleben, wenn sie gut geführt ist." (Int.1, 5)

In der folgenden Interviewpassage wird deutlich, dass der Gedanke, Offene Kinder- und Jugendarbeit und Schule zusammenzulegen, nachvollzogen werden kann, aber davon ausgegangen wird, dass es immer Kinder- und Jugendliche geben wird, die von Offener Kinder- und Jugendarbeit Gebrauch machen.

> „Also ich glaube, es kann parallel bestehen, außer die Schulen würden wirklich bis fünf Uhr, sechs Uhr gehen. Es wird auch, glaube ich, immer Gruppen geben, die den offenen Treff besuchen werden. Ich glaube nicht, dass sich das eine aufhebt, wobei ich den Gedanken gut nachvollziehen kann, dass man es versucht. Dadurch würde man auch wirklich einsparen, wenn man einfach die offene Arbeit zumacht und die Leiter an die Schulen setzt. Dadurch entstehen ja nicht neue Personalkosten." (Int.2, 7)

6.2.3.2 Die Notwendigkeit des Erhalts verschiedener Räumlichkeiten

Ein weiterer wichtiger Aspekt in Hinblick auf die Neugestaltung des Bildungswesens mit Einführung der Ganztagsschule, ist nach Ansicht der Befragten, dass für die Entwicklung von Kindern und Jugendlichen das Sich-zu-Eigen-Machen unterschiedlicher Räume unerlässlich ist.

> „Ich glaube, das Eine darf das Andere nicht ausschließen. [...]Die Räumlichkeit allein spielt schon eine ganz große Rolle. Ich glaube, für die Jugendlichen ist es ganz wichtig, auch mal aus der Schule, auch raus zukommen." (Int.7, 4)

Vor diesem Hintergrund betont ein Interviewpartner die Notwendigkeit, dass die Kinder und Jugendlichen sich auch mit verschiedenen Regeln auseinandersetzen und auch lernen, innerhalb dieser verschiedenen Rahmenbedingungen zu agieren und mit unterschiedlichen Rollenerwartungen umzugehen.

> „Wenn man das Leben der Jugendlichen nur auf Schulgebäude fokussieren würde, wo ja auch andere Regeln herrschen, ... wenn man das nur darauf fokussieren würde, würde den Jugendlichen in der Adoleszenz einfach was fehlen. Ich glaube, die brauchen auch Raum, an dem sie sich ausprobieren können. [...] Die Jugendlichen lernen so, zwei verschiedene Regeln miteinander zu vergleichen. Das ist schon mal ein wichtiger Vorteil. Im realen Leben gibt es immer unterschiedliche Regeln." (Int.5, 5)

6.2.3.3 Die Notwendigkeit der Veränderung

Die Interviewten beschreiben auch, dass sich die Offene Kinder- und Jugendarbeit vor dem Hintergrund der genannten Entwicklungen auch verändern muss und eine eigene Profilierung vorantreiben muss. Handlungsbedarf wird vor allem in der zeitlichen Veränderung Offener Kinder- und Jugendarbeit gesehen. Die

Öffnungszeiten sollten nach Ansicht der Befragten flexibel angepasst werden. Gezielt sollten auch abends, an den Wochenenden und verstärkt in den Ferien, Angebote gemacht werden.

> „Also die Jugendarbeit muss sich natürlich da auch bewegen. Und ich glaube, Jugendarbeit bewegt sich im besten Fall so, dass sie Schülern, die eine Ganztagsschule besuchen, einfach auch bedarfsgerechte Möglichkeiten gibt. Beispiel wäre, dass man einfach die Jugendtreffarbeit natürlich zeitlich verändert. Eine Idee wäre einfach, das auch in späteren Abendstunden zu machen, zumindest für die Älteren Schüler dürfte das ja kein Problem darstellen. Beziehungsweise ändert man die Angebotsstruktur dahin gehend, dass man wirklich einfach in engem Kontakt mit den Schulen steht und man sagt: Wie sieht es aus, wann ist wo bei euch die Schule dann auch zu Ende?[…] Man kann gucken, wenn Schule achtzig Prozent der Zeit des Schülers einnimmt, vielleicht sind wir dann die richtigen Ansprechpartner in der Ferienzeit." (Int.5, 5/6)

Eine Interviewpartnerin betont vor diesem Hintergrund auch noch, dass eine Profilierung der einzelnen Einrichtungen ihre Legitimation bestärken und somit zur Erhaltung beitragen könnte. Im Weiteren weist sie auf die Problematik hin, dass im Alltagsgeschäft so ein Eigenmarketing oft untergehen würde.

> „Ich glaube, dass Offene Kinder- und Jugendarbeit sich verändern wird, aber ich glaube, das hat sie so oder so schon immer getan. Und dass Offene Kinder- und Jugendarbeit sich noch mal, was sie im Prinzip auch tut, sich noch mal profilieren muss. Ich glaube, dass das auf höheren Organisationsebenen auch gut ist und es nur häufig bei den einzelnen Einrichtungen teilweise schwierig ist, so eine Profilierung zu schaffen, weil dann im Alltag so was oft untergeht. Das merke ich ja selber auch. Ich glaube, dass das notwendig ist, um bestehen zu können."(Int. 1, 5)

Die Befragten gehen davon aus, dass Offene Kinder- und Jugendarbeit auch zukünftig eine Berechtigung haben wird und für das Aufwachsen von Kindern und Jugendlichen wichtig sein wird. Im Erleben aller Beteiligten ist es für Entwicklungsprozesse der Kinder und Jugendlichen wichtig, verschiedene Räume kennen zu lernen. Mit der Reformierung des Bildungswesens attestieren sie der Offenen Kinder- und Jugendarbeit allerdings auch Veränderungsbedarf. Sie beschreiben, dass sich die Offene Kinder- und Jugendarbeit da auch den veränderten Bedürfnissen ihrer Adressaten anpassen muss, indem sie zum Beispiel die Öffnungszeiten anpasst.

6.2.4 Kooperation von Offener Kinder- und Jugendarbeit und Schule

Ein sehr aktuelles Thema ist derzeit die zunehmende Kooperation von Offener Kinder- und Jugendarbeit und Schule. Eine Kooperationsverpflichtung ist mittlerweile auch im 3. Landesausführungsgesetz Nordrhein-Westfalens zum SGB VIII und im Landesschulgesetz verankert. Momentan gibt es schon unterschiedliche Projekte der Zusammenarbeit von Offener Kinder- und Jugendarbeit und Schule. Insgesamt sind die Interviewten – bis auf einen Befragten – gegenüber einer engen Zusammenarbeit dieser beiden Felder sehr aufgeschlossen und möchten diese auch bestärken und vorantreiben.

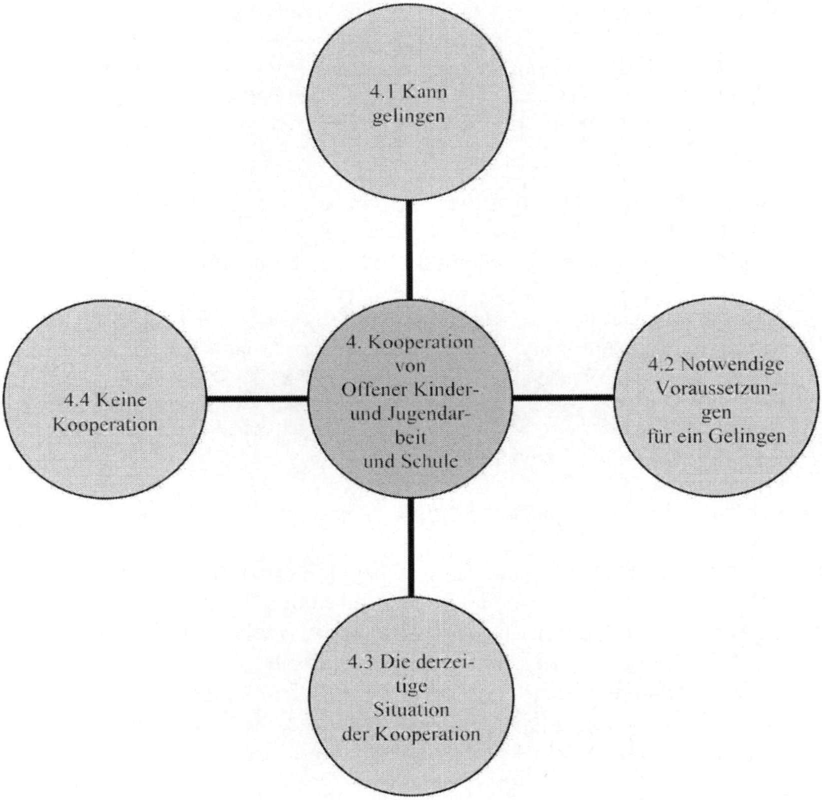

Abbildung 4: Ergebnisdarstellung „Kooperation von Offener Kinder- und Jugendarbeit und Schule"

6.2.4.1 Kann gelingen

Nach überwiegender Ansicht der Befragten Leitungskräfte Offener Kinder- und Jugendeinrichtungen, kann eine Kooperation von Jugendhilfe und Schule gut gelingen und durchaus auch positive Effekte mit sich bringen.

Danach gefragt, ob und inwiefern eine Kooperation von Jugendhilfe und Schule denn möglich und leistbar ist, antwortet eine Befragte:

> „Da denke ich mir, dass es Kooperationsmöglichkeiten gibt, aber es gibt auch Grenzen von Kooperation." (Int.1, 5)

Ein anderer Interviewpartner hebt an dieser Stelle hervor:

> „In unserer Grundausrichtung steht ganz klar, dass wir diese Bildungsarbeit im Zuge der Kurse machen oder auch die Schularbeitenbetreuung in Kooperation mit verschiedenen Schulen machen, so was halt. Das ist auch ein ganz wichtiger Punkt für uns." (Int.3, 2)

Ein weiterer wichtiger Punkt kommt in der folgenden Interviewpassage zum Ausdruck. Hier äußert die Interviewpartnerin, dass sie davon ausgeht, dass auch die Schüler von solch einer Kooperation stark profitieren können.

> „Ich habe gerade einfach im Kopf, dass diese Kooperation immer stärker wird, die Kooperation Jugendhilfe und Schule. Ich finde, dass es einfach auf diesem Feld weiter laufen müsste. Das was Herr Meyer macht, diese Kooperation, die wir mit den Hauptschulen gerade haben, das finde ich schon einen riesen Klopser und ich glaube, dass da wirklich viele Schüler an dem Tag auch wirklich viel mehr lernen als viele Schultage an sich." (Int.7, 4)

6.2.4.2 Notwendige Voraussetzungen für ein Gelingen

Insgesamt erleben die Befragten, dass es bestimmte Voraussetzungen gibt, die die Grundlage für eine gelingende Kooperation bilden. Es wird häufig angesprochen, dass eine Kooperation nur auf gleicher Augenhöhe erfolgen kann, das heißt, dass die jeweiligen Beteiligten in ihren jeweiligen Kompetenzen wertgeschätzt und anerkannt werden und es nicht zu Übernahmen kommt. Oft wird seitens der Befragten beschrieben, dass sich zunächst die Schule verändern muss. Einer der Befragten nennt als Grundvoraussetzung:

> „Erstmal Offenheit, also dass man klar und offen seine Ziele formuliert und seine Wünsche in den Geschichten. Nicht dass die Schule an mich herantritt, und sagt: ‚Ja, ich will gerne was mit euch machen' und im Endeffekt geht es nur darum, dass sie

> mit ihrem offenen Ganztag entlastet werden und die das hier an uns abgeben, ohne sich irgendwie zu öffnen, dass sie dadurch qualitativen Gewinn haben. Dann so eine gewisse Wertschätzung von beiden Seiten, miteinander arbeiten, Kooperation, also wirklich im positiven Kontext.“ (Int.3, 2)

Diesbezüglich beschreibt ein anderer Befragter, dass man ganz klar festlegen sollte, was man leisten kann und die Grenzen klar gesetzt werden.

> „Man muss ein klares Profil haben, da ist das dann einfach so. Das heißt also, die Grenzen des Machbaren, des Gewollten müssen ganz klar definiert, möglichst auch schriftlich formuliert sein, damit es letztendlich nicht zu ungewollten Verantwortungsübernahmen kommt.“ (Int.5, 4)

Ein anderer Befragter betont vor diesem Hintergrund, dass auch die Finanzierungsgrundlage eine wichtige Rolle spielt, um eine qualitative, pädagogische Kooperation zum Beispiel im Ganztagsbereich durchführen zu können.

> „Also die Kooperation Jugendarbeit mit Schule kann nur unter bestimmten Voraussetzungen funktionieren. Im Moment kranken die Konzepte noch daran, dass die Orientierung da auf einem Bildungsbegriff der Schule beruht. […] Das andere ist, das kann nur passieren, wenn das eine Kooperation auf einer Augenhöhe ist. […] Wichtig ist aber auch, dass auch das nur mit vernünftigen Mitteln geht. Da gibt es Zuschüsse, gibt es auch Förderungszuschüsse, die aber auf der Basis von tatsächlicher pädagogischer Förderung, pädagogischer Betreuung einfach nicht genug hergeben. Da geht es um Aufsichtspersonal, aber die Größenordnungen, die da erreicht sind, können keine fachlich fundierte pädagogische Betreuung gewährleisten“. (Int.4, 3)

6.2.4.3 Die derzeitige Situation der Kooperation

Die Befragten äußern sich auch zur aktuellen Lage der Kooperation und beschreiben ihre eigenen Erfahrungen. Insgesamt gibt es vielfältige Formen von Kooperation, aber es scheinen sich noch keine Standards durchgesetzt zu haben. Im übereinstimmenden Erleben, ist es vor allem die Schule, die sich noch verändern muss, um eine fruchtbare Kooperation möglich zu machen.

In der folgenden Interviewpassage schildert die Interviewpartnerin bislang gemachte Erfahrungen.

> „Ich biete zum Beispiel auch eine Holzwerkstatt für die Grundschule hier nebenan an. Es gibt quasi so eine Minikooperation schon. Aber gerade am Anfang, wo wir das verhandelt haben, ging es dann darum: Wer kooperiert mit uns, aber macht uns das und das Angebot und kommt zu uns in die Schule rein? Da habe ich gesagt: Nein, ich kann als Offene Kinder- und Jugendarbeit nicht zu euch in die Schule

> kommen. […] Im Moment ist das ein bisschen schwierig, irgendwie auch Angebotsformen zu finden, wo die Offene Kinder- und Jugendarbeit dann aber auch noch ihr Profil behält.“ (Int.1, 5)

Ein anderer Befragter weist darauf hin, dass die Schulen offenbar noch keine Strategie entwickelt haben, auch Freizeitgestaltung in den Ganztag zu integrieren.

> „Ich kenne noch keine Schule, die das adäquat geschafft hat, auch so eine Atmosphäre zu vermitteln in dem Ganztagsbereich. Eine Atmosphäre, die jugendgerecht das Freizeitverhalten mit berücksichtigt.“ (Int.5, 6)

Eine andere Befragte erklärt, dass noch zu offen ist, wie eine solche Kooperation aussehen soll und erwartet von der Politik mehr Richtungsweisungen.

> „Ich glaube, diese ganze Kooperation ist noch ganz ganz am Anfang. […] Also ich weiß auch, dass es gefordert ist, dass man zusammenarbeitet. Das wird auch versucht, das findet auch teilweise statt, aber die Schule ist in ihrem System noch sehr sehr festgefahren. […] Ich glaube, da müssen sich noch ganz viele Politiker noch ganz viele Gedanken machen, wie das wirklich aussehen soll.“ (Int.2, 6)

6.2.4.4 Keine Kooperation

Hier wird erneut eine Einzelmeinung angeführt, die völlig konträr zu den anderen Meinungen steht. Für die Diskussion um Kooperation ist es allerdings wichtig zu wissen, dass auch diese Position zum Gesamtspektrum möglicher Meinungen gehört und diese sich auch auf geltende rechtliche Grundlagen stützt. Der Befragte steht einer Kooperation äußerst kritisch gegenüber und lehnt diese gänzlich ab. Er benennt, dass eine Kooperation rein gesetzlich gesehen in der Zuständigkeit des öffentlichen Trägers liegt und somit die freien Träger damit nichts zu tun haben. Auch beschreibt er, dass seiner Ansicht nach durch diese Bestrebungen die Offene Kinder- Jugendarbeit für Zwecke der Schule missbraucht wird.

> „Das hat überhaupt nichts miteinander zu tun. § 81 KJHG sagt ganz klar, dass für die Zusammenarbeit zwischen Schule und offener Jugendarbeit der öffentliche Jugendhilfeträger zuständig ist. Der öffentliche, ist ein Gesetz. Da habe ich gar nichts mit zu tun. Deswegen stellt sich mir die Frage nicht. Wir sind ein freier Träger. Also wenn das Gesetz gilt, und wir befinden uns auf dem Boden der Bundesrepublik, dann ist diese Diskussion gegenstandslos, solange wie es das Gesetz gibt. […] Wir kooperieren ja mit den Schülern, aber mit dem System Schule kooperieren wir nicht. Das sind alles Schüler, die hier sind. Alles, durch die Bank. Wir haben 50 Veranstaltungen im Jahr, mit Schülern zusammen vom Schulzentrum und das ist ja eine wun-

> derbare Kooperation. Aber ich bin nicht der Diener von einem System Schule. Sehe ich überhaupt nicht. Das sind zwei völlig unterschiedliche Bildungsaufträge. Das hat nach KJHG überhaupt nichts miteinander zu tun und fertig". (Int.6, 5/6)

Generell sind die Befragten einer Kooperation von Offener Kinder- und Jugendarbeit nicht abgeneigt, sondern betrachten diese als Chance. Als ein grundlegender Aspekt für eine gelingende Kooperation wird allerdings seitens der Befragten immer wieder betont, dass sich vor allem die Schulen hinsichtlich von Kooperationsvereinbarungen in ihrem Denken verändern müssten. In den Erzählungen der Befragten zu eigenen Erfahrungen mit Kooperationsprojekten kommt deutlich zum Ausdruck, dass es derzeit noch eher schwierig zu sein scheint, eine für alle Seiten befriedigende Kooperation zu etablieren. Oft wird betont, dass die Schulen eine Kooperation auf einer Augenhöhe erschweren, da diese Tendenzen der Vereinnahmung Offener Kinder- und Jugendarbeit für ihre Zwecke zeigen.

7 Resümee und Ausblick

Abschließend kann festgehalten werden, dass sowohl Theorie und Praxis der Offenen Kinder- und Jugendarbeit diese grundsätzlich als bildend für Kinder und Jugendliche betrachten. Wie im Verlauf der Arbeit dargestellt werden konnte, ist derzeit jedoch kein konsensuelles Verständnis davon, was alles Bildung in der Offenen Kinder- und Jugendarbeit ist, auszumachen. Innerhalb der sozialpädagogischen Theoriediskussion lassen sich mannigfaltige Ansätze – von denen Einzelne aufgezeigt wurden – finden, die den Bildungsaspekt in der Offenen Kinder- und Jugendarbeit konkretisieren. Allerdings kann momentan noch eine Diskrepanz zwischen der theoretischen Fundierung von Offener Kinder- und Jugendarbeit als Bildung und dem praktischen Selbstverständnis festgestellt werden. Vor allem bezüglich der konkreten Umsetzung von Bildung in der Offenen Kinder- und Jugendarbeit, konnten bei in der Praxis Tätigen Unsicherheiten ausgemacht werden. Meines Erachtens besteht eine Notwendigkeit dahingehend, dass der Umgang mit Bildung in der Praxis professionalisiert und qualifiziert wird, indem diese ein gemeinsames Verständnis von Bildung in der Offenen Kinder- und Jugendarbeit formuliert und dieses auch nach Außen transportiert.

Rückblickend werde ich jetzt Schnittpunkte der in Kapitel 5 und 6 im Einzelnen vorgestellten Untersuchungen aufzeigen. Hieraus ergeben sich Anregungen und Handlungsempfehlungen für die Praxis Offener Kinder- und Jugendarbeit vor Ort, die abschließend zur Diskussion gestellt werden sollen. Die inhaltliche Gliederung dieses Kapitels orientiert sich an den vier Fragekomplexen der Studie.

Die Untersuchung zeigt, dass Bildung für die Praxis der Offenen Kinder- und Jugendarbeit in Münster durchaus ein relevanter Begriff ist und die dort Tätigen sich auch darüber bewusst sind, dass Bildung Bestandteil der offenen Arbeit ist. Bildung wird von den Befragten insgesamt nicht als neu auf sie zukommendes Thema betrachtet, sondern sie betonen, dass Bildungsarbeit schon lange fester Bestandteil der Offenen Kinder- und Jugendarbeit ist. Die Interviewpartnerinnen und Interviewpartner beschreiben, dass Bildung in der Offenen Kinder- und Jugendarbeit prinzipiell immer stattfindet, außerschulisch ist, vor allem in der Arbeit an Themen und der Bereithaltung bestimmter Angebote sichtbar wird, hauptsächlich soziales Lernen beinhaltet und überwiegend in informellen Prozessen stattfindet. Hinsichtlich der Bedeutung informeller Prozesse für Bildung in der Offenen Kinder- und Jugendarbeit muss an dieser Stelle auch hervorgehoben werden, dass Hauptamtliche zwar vor allem Bildungsgelegenheiten in Angeboten und konkreten Projekten erkennen, jedoch werden ihrerseits auch bildende Aspekte von Konflikten und alltäglichen Begegnungen benannt, ohne jedoch das Aufgreifen und die Umsetzung dieser Gelegenheiten zu konkretisieren. Die Studie von Delmas u.a. (2004) ergab, dass diese Aspekte von den Hauptamtlichen kaum erkannt werden (siehe S. 54). Wie bereits in Kapitel 6.2 bei der Ergebnisdarstellung erwähnt, ist dennoch festzustellen, dass noch viele Unsicherheiten in der Bestimmung dessen, was Bildung in der Offenen Kinder- und Jugendarbeit ist, mitschwingen und derzeit kein gemeinsames Verständnis von Bildung oder ein einheitlicher Bildungsbegriff festgestellt werden kann. Schon Delmas u.a. (2004) stellten dies in ihrer Untersuchung als eines ihrer Ergebnisse klar heraus (siehe S. 53). An dieser Stelle gilt es daher zu betonen, dass die Verständigung der Praxis Offener Kinder- und Jugendarbeit über einen gemeinsamen Begriff von Bildung in ihrem Arbeitsfeld und die kritische Reflexion ihres Bildungsauftrags, gegebenenfalls zur Minimierung von Unsicherheiten, hinsichtlich der Bedeutung und Bestimmung von Bildung in der Praxis, beitragen kann.

Hier scheint mir, dass insbesondere im Rahmen des hier in Münster etablierten „Qualitätszirkel der offenen und mobilen Kinder- und Jugendarbeit“[7]*, beteiligte Einrichtungen ihr Verständnis von Bildung diskutieren und reflektieren könnten, um gemeinsame Standards und Vereinbarungen zu entwickeln.*

Eine weitere Möglichkeit besteht meines Erachtens darin, der Überlegung einer Befragten Folge zu leisten, den Bildungsauftrag und die konkrete Ausgestaltung in den Konzeptionen der Einrichtungen zu verankern. Dies kann eventuell dazu beitragen, ein Bewusstsein für den Bildungsaspekt der Offenen Kinder- und Jugendarbeit in der Praxis und in der Öffentlichkeit zu stärken.

Delmas u.a. ermittelten weiterhin über Konzeptionsanalysen und Befragungen, dass auf Theorien der Sozialpädagogik und der Jugendarbeit kein weit reichender Bezug genommen wird und kein Konsens bezüglich gültiger Theorien, Methoden und Konzepte herausgestellt werden kann (vgl. Delmas u.a. 2004, S. 92ff). Auch die in Münster durchgeführten Interviews zeigen, dass einschlägige Theorien, Methoden und Konzepte bezüglich Bildung in der Offenen Kinder- und Jugendarbeit von den Praktikerinnen und Praktikern weitgehend nicht benannt werden und legen den Schluss nahe, dass die Auseinandersetzung der Praxis mit der Theorie keinen hohen Stellenwert einnimmt. Als eine Möglichkeit zur Qualifizierung empfehlen das Forscherteam um Delmas und die an der Untersuchung Beteiligten, eine „Auseinandersetzung mit dem aktuellen Stand der Bildungsdiskussion, die zu einer Begriffsklärung und einer darauf bezogenen

7 Im Rahmen des Wirksamkeitsdialogs treffen sich in Münster zwei Mal jährlich Trägervertreter der Offenen Kinder- und Jugendarbeit, um über aktuell anstehende Themen zu diskutieren.

klaren Formulierung des eigenen Bildungsauftrags führen sollte" (*Delmas u.a.* 2004, S. 103).

Aufgrund der in Münster durchgeführten Untersuchung kann die Praxis Offener Kinder- und Jugendarbeit an dieser Stelle auch ermutigt werden, sich mehr mit schon vorhandenen Theorien zu beschäftigen.

Es ist in der Konsequenz davon auszugehen, dass eine Auseinandersetzung mit der Theorie vor allem dazu beitragen kann, Unsicherheiten der Fachkräfte bezüglich der Bestimmung von Bildung in ihrem Arbeitsfeld ausräumen zu können. Wie vor allem in Kapitel 3 dargestellt werden konnte, ist bereits ein reicher Theorievorrat vorhanden, an welchem sich die Praxis bezüglich der Bestimmung von Bildung in der Offenen Kinder- und Jugendarbeit orientieren könnte.

Im Weiteren wird in der Untersuchung deutlich, dass die interviewten Leitungskräfte eine Beteiligung der Praxis Offener Kinder- und Jugendarbeit an der Bildungsdebatte als zwingend notwendig erachten. Ebenso beschreiben die Interviewpartnerinnen und Interviewpartner, dass sie selbst zur Verankerung eines ganzheitlichen Verständnisses von Bildung in der Gesamtgesellschaft beitragen können. Fernerhin betonen sie, dass Bildung nicht nur mit Wissensvermittlung und Schule gleichgesetzt werden kann, sondern sich auch viel in informellen Begegnungen ereignet. Nichtsdestoweniger ist an dieser Stelle zu konstatieren, dass die Befragten unsicher bezüglich des Aufgreifens dieser informellen Bildungsgelegenheiten sind. Es fällt ihnen leichter, Bildung hauptsächlich an der Bearbeitung von Themen und an der Vermittlung von gewissen Inhalten in bestimmten Angeboten festzumachen, da diese formelle oder nicht-formelle Bildung auch leichter nach Außen aufgezeigt werden kann als Bildung in informellen Prozessen. Trotzdem sind sich die Befragten grundsätzlich einig darin, dass sich Bildung in der offenen Arbeit gerade auch in informellen Gelegenheiten ereignet. Hieran ist deutlich zu erkennen, dass Unsicherheiten bezüglich des Umgangs und der bildenden Gestaltung dieser Informalität bestehen. Dementsprechend lassen die Ergebnisse der in Münster durchgeführten Studie folgenden, an die Studie von Müller u.a. (2005) angelehnten, Schluss zu (siehe S. 52):

Die Chance einer bildenden Offenen Kinder- und Jugendarbeit liegt vor allem darin, dass die Pädagoginnen und Pädagogen alltägliche informelle Situationen als Bildungsgelegenheiten erkennen und lernen, wie sie diese aufgreifen und so umsetzen können, dass Lernprozesse ermöglicht werden.

Wenn Mitarbeitende selbst in informellen Situationen Bildungsgelegenheiten erkennen und diese aufgreifen, werden Unsicherheiten abgebaut und es wird auch leichter für sie sein, die Wirkungen informeller Bildungsprozesse nach Außen aufzuzeigen und zu einem ganzheitlichen Verständnis von Bildung beizutragen. Das Buch „'Wahrnehmen können' – Jugendarbeit und informelle Bildung" von Müller u.a. (2005) mit seinen vielseitigen Empfehlungen zur Schulung der eigenen Beobachtung, scheint mir eine geeignete Grundlage dafür zu sein und kann von Mitarbeitenden und ganzen Teams zum Selbststudium genutzt werden.

Hinsichtlich der Zukunft Offener Kinder- und Jugendarbeit mit der Neuausrichtung des Bildungswesens gehen die Befragten davon aus, dass Offene Kinder- und Jugendarbeit auch zukünftig nicht obsolet wird und weiterhin eine wichtige Rolle für das Aufwachsen von Kindern und Jugendlichen spielen wird. Allerdings attestieren sie der Kinder- und Jugendarbeit hier auch Veränderungsbedarf, indem sie beispielsweise die Notwendigkeit der Veränderung der Öffnungszeiten ansprechen. In Anbetracht der Neugestaltung des Bildungswesens ist dies ein gewichtiger Punkt, so lange auch Kooperationen von Offener Kinder- und Jugendarbeit und Schulen auch noch sehr unterschiedlich ausgestaltet werden. Ferner wird der Offenen Kinder- und Jugendarbeit von den Befragten auch die Notwendigkeit eines Eigenmarketings und einer Positionierung attestiert, um ihrer eigenen Legitimität Ausdruck zu verleihen. Aus den Interviews wird zwar ersichtlich, dass sich die Befragten weitgehend darin einig sind, dass eine Positionierung wichtig ist, jedoch benennen sie nicht klar, wie dies geschehen kann. Auch Delmas u.a. fassten zusammen, dass keine Motivation seitens der Untersuchten festgestellt werden konnte, die sozialpolitische Diskussion aktiv mitzugestalten (siehe S. 54). Im Verlauf der Untersuchung in Münster benennt nur einer der Befragten ausdrücklich, dass sich seine Einrichtung im Zuge der Bildungsdebatte verstärkt in politische Diskussionen einbringt, um die Diskurse mitzubestimmen und eigene Sichtweisen einzubringen.

Vor diesem Hintergrund scheint es mir notwendig zu sein, dass sich die Praxis vermehrt und aktiv in die politische und gesellschaftliche Debatte um Bildung einbringt, um zu ihrer eigenen Profilierung beizutragen und die Zukunft des gesamten Bildungswesens mitzugestalten.

Angesichts der Kooperation von Jugendhilfe und Schule sind sich die Interviewten weitestgehend einig darin, dass diese als Chance betrachtet werden kann. Grundsätzlich wird allerdings hier der Schule ein erheblicher Veränderungsbedarf attestiert, da die Befragten mehrheitlich der Meinung sind, dass zum gegebenen Zeitpunkt Kooperationen auf einer Augenhöhe eher schwierig sind. Dies liegt – so die Befragten – größtenteils daran, dass die Konzeptionen auf einem Bildungsbegriff der Schulen fußen und diese Offene Kinder- und Jugendarbeit oftmals nur für sich vereinnahmen wollen, ohne ihrerseits bereit zu sein, Zugeständnisse zu machen. Auch wird von den Befragten als ein weiterer wichtiger Punkt benannt, dass eine finanzielle Grundlage vorhanden sein muss, um pädagogisch qualitative Kooperationen etablieren zu können. Die Praxis Offener Kinder- und Jugendarbeit kann sich zwar einbringen, indem sie sich aktiv für Kooperationen stark macht und sich dafür einsetzt, dass ihr Handlungsfeld als

Bildungsinstitution in der Gesamtgesellschaft anerkannt wird, jedoch muss auch der politische Wille da sein, diese Bestrebungen angemessen zu fördern. Politik muss anerkennen, dass eine Kooperation, die nicht auf die bloße Betreuung der Kinder- und Jugendlichen durch die Offene Kinder- und Jugendarbeit am Nachmittag reduziert wird, nur geleistet werden kann, wenn entsprechende Mittel zur Verfügung gestellt werden.

Die Interviews vermitteln allerdings auch teilweise den Eindruck, dass die Mitarbeitenden der Offenen Kinder- und Jugendarbeit eher in einer abwartenden Stellung verharren und sich seitens der Politik beispielsweise Richtungsweisungen erhoffen.

Um eine gelingende Kooperation etablieren zu können, die für alle Beteiligten erfolgreich verläuft und Vorstellungen aller berücksichtigt, könnte meines Erachtens eine Chance darin liegen, dass sich die Praxis Offener Kinder- und Jugendarbeit aktiv mit eigenen innovativen Konzepten in die Kooperationsüberlegungen einbringt, auf die Schulen zugeht und in der Öffentlichkeit reklamiert, dass gute Kooperation auch entsprechend finanzielle Mittel zur Voraussetzung hat.

Die Untersuchung in Münster zeigt, dass sich die Praxis der Offenen Kinder- und Jugendarbeit ihres Bildungsauftrags und der in ihr angelegten bildenden Aspekte bewusst ist, jedoch noch Klärungsbedarf in Bezug auf die konkrete Bestimmung von Bildung und die Umsetzung von informellen Bildungsgelegenheiten in diesem Arbeitsfeld besteht. Folgerichtig ist auch an dieser Stelle die Formulierung von Delmas u.a. treffend: „Zusammenfassend ist festzustellen, dass Jugendarbeit ihre Bildungspotentiale gegenwärtig keineswegs ausschöpft" (*Delmas u.a.* 2004, S. 93).

Vor genannten Hintergründen sollten sich die Fachkräfte Offener Kinder- und Jugendarbeit vor allem vergegenwärtigen, dass sie das Ruder selber in die Hand nehmen und sich aktiv beteiligen können. Indem sie sich in den Diskurs einmischen, eine Grundlage für ein gemeinsames Bildungsverständnis der Offenen Kinder- und Jugendarbeit erarbeiten und dieses in der Öffentlichkeit kommunizieren, können sie die Zukunft der Kinder und Jugendlichen mitgestalten. Offene Kinder- und Jugendarbeit kann dazu beitragen, dass die Zukunft ihrer Adressatinnen und Adressaten nicht von der Nützlichkeit und Verwertbarkeit ihres erworbenen Wissens allein abhängig gemacht wird, sondern dass ganzheitliche Bildung Anerkennung findet und berücksichtigt wird, dass dies die Einbeziehung unterschiedlicher Institutionen mit unterschiedlichen Räumlichkeiten und Rahmenbedingungen, erfordert.

Literaturverzeichnis

Arbeitsgemeinschaft „Haus der offenen Tür" Nordrhein-Westfalen (AGOT-NRW) (Hg.) (2006): Offene Kinder- und Jugendarbeit braucht Zukunft! Zur Umsetzung des Kinder- und Jugendförderungsgesetzes – KJFöG NRW – auf der örtlichen Ebene. Leitfaden und Checkliste für Träger und Fachkräfte. Düsseldorf: Eigenverlag

Arbeitsgemeinschaft „Haus der offenen Tür" Nordrhein-Westfalen (AGOT-NRW) (Hg.) (2007): Offene Kinder- und Jugendarbeit. Programm und Positionen. der Arbeitsgemeinschaft „Haus der offenen Tür" Nordrhein-Westfalen , November 2007. Düsseldorf

Akademie der Jugendarbeit Baden-Württemberg e.V. (Hg.) (2004): Jugendarbeit ist Bildung! Die Offensive Jugendbildung in Baden- Württemberg 2003- 2004. Materialien: Berichte, Expertisen, empirische Studien. Stuttgart: Burkhard Fehrlen. Online: URL: http://www.jugendakademie-bw.de/download/jugendbildung_materialien.pdf, [Datum der Recherche: 21.04.2009]

Arbeitsgemeinschaft für Jugendhilfe (AGJ) (Hg.) (2004): Jugendhilfe und Bildung – Kooperation Schule und Jugendhilfe. Berlin: Eigenverlag AGJ, 4. Auflage

AGJ (2004): Zusammenarbeit von Jugendarbeit und Schule. Bericht über gemeinsame Beratungen von KMK und AGJ. In: Arbeitsgemeinschaft für Jugendhilfe (AGJ) (Hg.): Jugendhilfe und Bildung – Kooperation Schule und Jugendhilfe. Berlin: Eigenverlag AGJ, 4. Auflage, S. 54-63

AGJ, BJK und Sachverständigenkommission für den Elften Kinder- und Jugendbericht und (2004): Bildung ist mehr als Schule. Leipziger Thesen zur aktuellen bildungspolitischen Debatte. In: Arbeitsgemeinschaft für Jugendhilfe (AGJ) (Hg.): Jugendhilfe und Bildung – Kooperation Schule und Jugendhilfe. Berlin: Eigenverlag AGJ, 4. Auflage, S. 35-39

Artelt, Cordula; Baumert, Jürgen; Klieme, Eckhard u.a. (Hg.) (2001): PISA 2000. Zusammenfassung zentraler Befunde. Programme for International Student Assessment. Schülerleistungen im internationalen Vergleich. Berlin: Max-Planck-Institut für Bildungsforschung. Online: URL: http://www.mpib-berlin.mpg.de/pisa/ergebnisse.pdf, [Datum der Recherche: 18.03.2009]

Beck, Ulrich (1986): Risikogesellschaft – Auf dem Weg in eine andere Moderne. Frankfurt am Main: Suhrkamp

Bogner, Alexander; Littig, Beate; Menz, Wolfgang (Hg.) (2002): Das Experteninterview. Theorie, Methode, Anwendung. Opladen: Leske + Budrich

Böhnisch, Lothar (2005): Lebensbewältigung. Ein sozialpolitisch inspiriertes Paradigma für die Soziale Arbeit. In: Thole, Werner (Hg.): Grundriss Soziale Arbeit. Ein einführendes Handbuch.. Wiesbaden: VS Verlag für Sozialwissenschaften, 2. überarbeitete und aktualisierte Auflage, S. 199–213

Bundesjugendkuratorium (BJK) (2002): Zukunftsfähigkeit sichern! – Für ein neues Verhältnis von Bildung und Jugendhilfe. In: Münchmeier, Richard; Otto, Hans-Uwe;

Rabe-Kleeberg, Ursula (Hg.): Bildung und Lebenskompetenz. Kinder- und Jugendhilfe vor neuen Aufgaben. Opladen: Leske + Budrich, S. 159–173

Bundesministerium für Familie, Senioren Frauen und Jugend (BMFSFJ) (2005): 12. Kinder- und Jugendbericht. Bericht über die Lebenssituation junger Menschen und die Leistungen der Kinder- und Jugendhilfe in Deutschland. Online: URL: http://www.bmfsfj.de/RedaktionBMFSFJ/Abteilung5/Pdf-Anlagen/zwoelfter-kjb,property=pdf.pdf, [Datum der Recherche: 16.03.2009]

Deinet, Ulrich (2004): „Spacing", Verknüpfung, Bewegung, Aneignung von Räumen- als Bildungskonzept sozialräumlicher Jugendarbeit. In: Deinet, Ulrich; Reutlinger, Christian (Hg.): „Aneignung" als Bildungskonzept der Sozialpädagogik. Wiesbaden: VS Verlag für Sozialwissenschaften, S. 175–189

Deinet, Ulrich (2005): Das sozialräumliche Muster in der offenen Kinder- und Jugendarbeit. In: Deinet, Ulrich; Sturzenhecker, Benedikt (Hg.): Handbuch offene Kinder- und Jugendarbeit. Wiesbaden: VS Verlag für Sozialwissenschaften, 3., völlig überarbeitete und erweiterte Auflage, S. 217–222

Deinet, Ulrich; Reutlinger, Christian (Hg.) (2004): „Aneignung" als Bildungskonzept der Sozialpädagogik. Wiesbaden: VS Verlag für Sozialwissenschaften

Deinet, Ulrich; Sturzenhecker, Benedikt (Hg.) (2005): Handbuch offene Kinder- und Jugendarbeit. Wiesbaden: VS Verlag für Sozialwissenschaften, 3., völlig überarbeitete und erweiterte Auflage

Delmas, Nanine; Reichert, Julia; Scherr, Albert (2004): Bildungsprozesse in der Jugendarbei t- Evaluation von Praxiseinrichtungen der Jugendarbeit. In: Akademie der Jugendarbeit Baden-Württemberg e.V. (Hg.): Jugendarbeit ist Bildung! Die Offensive Jugendbildung in Baden- Württemberg 2003- 2004. Materialien: Berichte, Expertisen, empirische Studien. Stuttgart: Burkhard Fehrlen, S. 86–107. Online: URL: http://www.jugendakademie-bw.de/download/jugendbildung_materialien.pdf, [Datum der Recherche: 21.04.2009]

Delmas, Nanine; Scherr, Albert (2005): Bildunspotenziale der Jugendarbeit. Ergebnisse einer explorativen empirischen Studie. In: Deutsche Jugend. 53. Jg., Heft 3, S. 105–109

Flick, Uwe (2006): Qualitative Sozialforschung. Eine Einführung. Reinbek bei Hamburg: Rowohlt Taschenbuch, 4., vollständig überarbeitete und erweiterte Auflage

Hafeneger, Benno (2005): Geschichte der Offenen Kinder- und Jugendarbeit seit 1945oo. In: Deinet, Ulrich; Sturzenhecker, Benedikt (Hg.): Handbuch offene Kinder- und Jugendarbeit. Wiesbaden: VS Verlag für Sozialwissenschaften, 3., völlig überarbeitete und erweiterte Auflage, S. 510–518

Hafeneger, Benno (2008): Zur gegenwärtigen Situation der Kinder- und Jugendarbeit- ein Kommentar zur aktuellen Datenlage. In: Lindner, Werner (Hg.): Kinder- und Jugendarbeit wirkt. Aktuelle und ausgewählte Evaluationsergebnisse der Kinder- und Jugendarbeit. Wiesbaden: VS Verlag für Sozialwissenschaften, S. 37–50

Hentig, Hartmut von (2007): Bildung. Ein Essay. Weinheim und Basel: Beltz, 7. Auflage

Hornstein, Walter (2004): Bildungsaufgaben der Kinder- und Jugendarbeit auf der Grundlage jugendlicher Entwicklungsaufgaben. In: Sturzenhecker, Benedikt; Lindner, Werner (Hg.): Bildung in der Kinder- und Jugendarbeit. Vom Bildungsanspruch zur Bildungspraxis. Weinheim und München: Juventa, S. 15–33

Jungblut, Hans-Joachim (2008): Skript – Einführung in die Erziehungswissenschaft I. Senden (unveröffentlichtes Manuskript)

Klöver, Barbara; Moser, Sonja; Straus, Florian (2008): Was bewirken (Jugend-) Freizeitstätten? – ein empirisches Praxisprojekt. In: Lindner, Werner (Hg.): Kinder- und Jugendarbeit wirkt. Aktuelle und ausgewählte Evaluationsergebnisse der Kinder- und Jugendarbeit. Wiesbaden: VS Verlag für Sozialwissenschaften, S. 139–152

Krappmann, Lothar (2002): Bildung als Ressource der Lebensbewältigung. Der Beitrag von Familie, Schule und der Einrichtungen der Kinder- und Jugendhilfe zum Bildungsprozess in Zeiten der Pluralisierung und Flexibilisierung der Lebensverhältnisse. In: Münchmeier, Richard; Otto, Hans-Uwe; Rabe-Kleeberg, Ursula (Hg.): Bildung und Lebenskompetenz. Kinder- und Jugendhilfe vor neuen Aufgaben. Opladen: Leske + Budrich, S. 33–47

Lamnek, Siegfried (2005): Qualitative Sozialforschung. Lehrbuch. Weinheim und Basel: Beltz, 4., vollständig überarbeitete Auflage

Leifheit, Elisabeth; Dummann, Jörn (2009): Handbuch Kooperation zwischen Offener Kinder- und Jugendarbeit und Schule. Ein Studienprojekt der Fachhochschule Münster Fachbereich Sozialwesen. Münster: Druckerei des Evangelischen Kirchenkreises Münster

Lenzen, Dieter (Hg.) (1983): Enzyklopädie der Erziehungswissenschaft: Handbuch und Lexikon der Erziehung in 11 Bänden. Band 1- Theorien und Grundbegriffe der Erziehung und Bildung. Stuttgart: Ernst Klett

Lenzen, Dieter (Hg.) (1986): Enzyklopädie Erziehungswissenschaft. Handbuch und Lexikon der Erziehung in 11 Bänden. Band 3- Ziele und Inhalte der Erziehung und des Unterrichts. Stuttgart: Ernst Klett Verlag

Lindner, Werner (2003): Alles Bildung!? Kinder- und Jugendarbeit in der „Wissensgesellschaft“. In: Lindner, Werner; Thole, Werner; Weber, Jochen (Hg.): Kinder- und Jugendarbeit als Bildungsprojekt. Opladen: Leske + Budrich, S. 47–68

Lindner, Werner (2005): „Der Worte sind genug gewechselt…“. Konzeptionelle, reflektierende und methodische Annäherungen an die Ausgestaltung des Bildungsauftrags in der Kinder- und Jugendarbeit. In: Deutsche Jugend, 53. Jg., Heft 7/8, S. 339–342

Lindner, Werner (Hg.) (2008): Kinder- und Jugendarbeit wirkt. Aktuelle und ausgewählte Evaluationsergebnisse der Kinder- und Jugendarbeit. Wiesbaden: VS Verlag für Sozialwissenschaften

Lindner, Werner (2008b): Konturen (und Konjunkturen) einer evidenz- basierten Kinder- und Jugendarbeit. Online: URL: http://www.lwl.org/lja-download/datei-download2/LJA/jufoe/983524482/1222769934/1225881801_0/Werner_Lindner_Vortrag_Jahrestagung_2008.pdf, [Datum der Recherche: 06.03.2009]

Lindner, Werner; Thole, Werner; Weber, Jochen (Hg.) (2003): Kinder- und Jugendarbeit als Bildungsprojekt. Opladen: Leske + Budrich

Lüders, Christian; Behr; Andrea (2002): Außerschulische Jugendbildung. In: Tippelt, Rudolf (Hg.): Handbuch Bildungsforschung. Opladen: Leske + Budrich, S. 371–391

Mayring, Philipp (2002): Einführung in die qualitative Sozialforschung. Eine Anleitung zu qualitativem Denken. Weinheim und Basel: Beltz, 5., überarbeitete und neu ausgestattete Auflage

Menze, Clemens (1986): Bildung. In: Lenzen, Dieter (Hg.): Enzyklopädie Erziehungswissenschaft. Handbuch und Lexikon der Erziehung in 11 Bänden. Band 3- Ziele und Inhalte der Erziehung und des Unterrichts. Stuttgart: Ernst Klett, S. 399–406

Meuser, Michael; Nagel, Ulrike (2002): ExperteInneninterviews – vielfach erprobt, wenig bedacht. In: Bogner, Alexander; Littig, Beate; Menz, Wolfgang (Hg.): Das Experteninterview. Theorie, Methode, Anwendung. Opladen: Leske + Budrich, S. 71-93

Müller, Burkhard (1993): Außerschulische Jugendbildung oder: Warum versteckt Jugendarbeit ihren Bildungsanspruch? In: Deutsche Jugend, 41. Jg., S. 310–319

Müller, Burkhard (2003): Bildung und Jugendarbeit- Zwischen Größenwahn und Selbstverleugnung. In: Lindner, Werner; Thole, Werner; Weber, Jochen (Hg.): Kinder- und Jugendarbeit als Bildungsprojekt. Opladen: Leske + Budrich, S. 235–245

Müller, Burkhard (2004): Bildungsbegriffe in der Jugendarbeit. In: Sturzenhecker, Benedikt; Lindner, Werner (Hg.): Bildung in der Kinder- und Jugendarbeit. Vom Bildungsanspruch zur Bildungspraxis. Weinheim und München: Juventa, S. 35–48

Müller, Burkhard (2006): Der Bildungsauftrag der Jugendarbeit als Legitimationsstrategie. In: Deutsche Jugend, 54. Jg., Heft 7/8, S. 295–302

Müller, Burkhard; Schmidt, Susanne; Schulz, Marc (2005): Wahrnehmen können. Jugendarbeit und informelle Bildung. Freiburg im Breisgau: Lambertus

Müller, Burkhard; Schulz, Marc (2005): Hypothesen und empirische Hinweise zu den Bildungschancen von Jugendarbeit. Zwischenbericht zu einem Projekt. In: Deutsche Jugend, 53. Jg., Heft 3

Münchmeier, Richard (2005): Zukunft der Jugendarbeit. In: Deinet, Ulrich; Sturzenhecker, Benedikt (Hg.): Handbuch offene Kinder- und Jugendarbeit.. Wiesbaden: VS Verlag für Sozialwissenschaften, 3., völlig überarbeitete und erweiterte Auflage, S. 649–661

Münchmeier, Richard; Otto, Hans-Uwe; Rabe-Kleeberg, Ursula (Hg.) (2002): Bildung und Lebenskompetenz. Kinder- und Jugendhilfe vor neuen Aufgaben. Opladen: Leske + Budrich

Otto, Hans-Uwe; Oelkers, Jürgen (Hg.) (2006): Zeitgemäße Bildung. Herausforderungen für Erziehungswissenschaft und Bildungspolitik. München: Ernst Reinhardt

Otto, Hans-Uwe; Rauschenbach, Thomas (Hg.) (2004): Die andere Seite der Bildung. Zum Verhältnis von formellen und informellen Bildungsprozessen. Wiesbaden: VS Verlag für Sozialwissenschaften

Peter, Hilmar (2004): Setz doch mal die Bildungsbrille auf! Oder: Wie der Bildungsansatz das Handeln verändern kann. In: Sturzenhecker, Benedikt; Lindner, Werner (Hg.): Bildung in der Kinder- und Jugendarbeit. Vom Bildungsanspruch zur Bildungspraxis. Weinheim und München: Juventa, S. 51–59

Rauschenbach, Thomas; Otto, Hans-Uwe (2004): Die neue Bildungsdebatte. Chance oder Risiko für die Kinder- und Jugendhilfe. In: Otto, Hans-Uwe; Rauschenbach, Thomas (Hg.): Die andere Seite der Bildung. Zum Verhältnis von formellen und informellen Bildungsprozessen. Wiesbaden: VS Verlag für Sozialwissenschaften, S. 9–29

Sandhaas, Bernd (1986): Bildungsformen. In: Lenzen, Dieter (Hg.): Enzyklopädie Erziehungswissenschaft. Handbuch und Lexikon der Erziehung in 11 Bänden. Band 3- Ziele und Inhalte der Erziehung und des Unterrichts. Stuttgart: Ernst Klett, S. 399–406

Schaffer, Hanne (2009): Empirische Sozialforschung für die Soziale Arbeit. Eine Einführung. Freiburg im Breisgau: Lambertus, 2., überarbeitete Auflage

Scherr, Albert (2002): Der Bildungsauftrag der Jugendarbeit. Aufgaben und Selbstverständnis im Spannungsfeld von sozialpolitischer Indienstnahme und aktueller Bildungsdebatte. In: Münchmeier, Richard; Otto, Hans-Uwe; Rabe-Kleeberg, Ursula (Hg.): Bildung und Lebenskompetenz. Kinder- und Jugendhilfe vor neuen Aufgaben. Opladen: Leske + Budrich, S. 93–106

Scherr, Albert (2003): Jugendarbeit als Subjektbildung. Grundlagen und konzeptionelle Orientierungen jenseits von Prävention und Hilfe zur Lebensbewältigung. In: Lindner, Werner; Thole, Werner; Weber, Jochen (Hg.): Kinder- und Jugendarbeit als Bildungsprojekt. Opladen: Leske + Budrich, S. 87–102

Scherr, Albert (2005): Subjektorientierte offene Jugendarbeit. In: Deinet, Ulrich; Sturzenhecker, Benedikt (Hg.): Handbuch offene Kinder- und Jugendarbeit. Wiesbaden: VS Verlag für Sozialwissenschaften, 3., völlig überarbeitete und erweiterte Auflage, S. 205–209

Sozialgesetzbuch (SGB) Bücher I – XII, (Stand 20. Januar 2006). München: Deutscher Taschenbuch Verlag, 33., vollständig überarbeitete Auflage

Spatscheck, Christian (2005): Jugendarbeit im beginnenden 21. Jahrhundert. Zentrale Kriterien für eine fachlich fundierte Positionierung. In: Neue Praxis, 35. Jg., Heft 5, S. 510–521

Stadt Münster, Amt für Kinder Jugendliche und Familien (Hg.) (2007): Kinder- und Jugendförderplan der Stadt Münster (KJFoePlan). Leitprinzipien und Handlungsempfehlungen. Handlungsfeld „Kinder- und Jugendarbeit" 2007-2009. Online: URL: http://www.muenster.de/stadt/jugendamt/pdf/2007_2009kinder-jugendfoerderplan.pdf, [Datum der Recherche: 18.03.2009]

Sting, Stephan (2002): Zwischen dumm und klug. Perspektiven sozialer Bildung in der Wissensgesellschaft. In: Neue Praxis, 32. Jg., Heft 3, S. 231–241

Sting, Stephan; Sturzenhecker, Benedikt (2005): Bildung und offene Kinder- und Jugendarbeit. In: Deinet, Ulrich; Sturzenhecker, Benedikt (Hg.): Handbuch offene Kinder- und Jugendarbeit. Wiesbaden: VS Verlag für Sozialwissenschaften, 3., völlig überarbeitete und erweiterte Auflage, S. 230–244

Struck, Jutta (2006): Erster Abschnitt: Jugendarbeit, Jugendsozialarbeit, erzieherischer Kinder- und Jugendschutz. In: Wiesner, Reinhard (Hg.): SGB VIII Kinder- und Jugendhilfe; [Kommentar]. München: Beck, 3., völlig überarbeitete Auflage, S. 203–211

Sturzenhecker, Benedikt (2003): Jugendarbeit ist außerschulische Bildung. In: Deutsche Jugend, 51. Jg., Heft 7/8, S. 300–307

Sturzenhecker, Benedikt (2004a): Strukturbedingungen von Jugendarbeit und ihre Funktionalität für Bildung. In: Neue Praxis, 34. Jg., Heft 5, S. 444–454

Sturzenhecker, Benedikt (2004b): Zum Bildungsanspruch von Jugendarbeit. In: Otto, Hans-Uwe; Rauschenbach, Thomas (Hg.): Die andere Seite der Bildung. Zum Verhältnis von formellen und informellen Bildungsprozessen. Wiesbaden: VS Verlag für Sozialwissenschaften, S. 147–163

Sturzenhecker, Benedikt (2005): Institutionelle Charakteristika der Offenen Kinder- und Jugendarbeit. In: Deinet, Ulrich; Sturzenhecker, Benedikt (Hg.): Handbuch offene

Kinder- und Jugendarbeit. Wiesbaden: VS Verlag für Sozialwissenschaften, 3. Auflage, S. 338–344

Sturzenhecker, Benedikt (2007): Jugendarbeit ausbauen statt an die Ganztagsschule verlegen! Argumente gegen Christian Pfeiffers erneuten Vorstoß zur Auflösung der Offenen Kinder- und Jugendarbeit. In: Sozialmagazin, 32. Jg., Heft 3, S. 34–38

Sturzenhecker, Benedikt; Lindner, Werner (Hg.) (2004): Bildung in der Kinder- und Jugendarbeit. Vom Bildungsanspruch zur Bildungspraxis. Weinheim und München: Juventa

Thiersch, Hans (2004): Bildung und soziale Arbeit. In: Otto, Hans-Uwe; Rauschenbach, Thomas (Hg.): Die andere Seite der Bildung. Zum Verhältnis von formellen und informellen Bildungsprozessen. Wiesbaden: VS Verlag für Sozialwissenschaften, S. 238–250

Thiersch, Hans (2006): Leben lernen, Bildungskonzepte und sozialpädagogische Aufgaben. In: Otto, Hans-Uwe; Oelkers, Jürgen (Hg.): Zeitgemäße Bildung. Herausforderungen für Erziehungswissenschaft und Bildungspolitik. München: Ernst Reinhardt, S. 21–36

Thole, Werner (Hg.) (2005): Grundriss Soziale Arbeit. Ein einführendes Handbuch. Wiesbaden: VS Verlag für Sozialwissenschaften, 2., überarbeitete und aktualisierte Auflage

Thole, Werner (2008): Verkannt und unterschätzt- aber dringend gebraucht. Zur Pespektive der Kinder- und Jugendarbeit als pädagogischem Handlungsfeld. In: Lindner, Werner (Hg.): Kinder- und Jugendarbeit wirkt. Aktuelle und ausgewählte Evaluationsergebnisse der Kinder- und Jugendarbeit. Wiesbaden: VS Verlag für Sozialwissenschaften, S. 323–339

Thole, Werner; Pothmann, Jens (2005): MitarbeiterInnen und pädagogisches Handeln. In: Deinet, Ulrich; Sturzenhecker, Benedikt (Hg.): Handbuch offene Kinder- und Jugendarbeit. Wiesbaden: VS Verlag für Sozialwissenschaften, 3., völlig überarbeitete und erweiterte Auflage, S. 19–37

Wiesner, Reinhard (Hg.) (2006): SGB VIII Kinder- und Jugendhilfe; [Kommentar]. München: Beck, 3., völlig überarbeitete Auflage